刘胡兰的故事

徐德泉　编著

中国社会出版社

图书在版编目（CIP）数据

刘胡兰的故事/徐德泉编著.

北京：中国社会出版社，2006.9

（英雄故事丛书/朱司俊　徐雁 主编）

ISBN 978-7-5087-1346-5

Ⅰ. 刘…　Ⅱ. 徐…　Ⅲ. 刘胡兰（1932～1947）-生平事迹

Ⅳ. K827=6

中国版本图书馆 CIP 数据核字（2006）第 105536 号

丛 书 名：英雄故事丛书

主　　编：朱司俊　徐　雁

书　　名：刘胡兰的故事

编 著 者：徐德泉

责任编辑：杨　晖

出版发行：中国社会出版社　　邮政编码：100032

通联方法：北京市西城区二龙路甲 33 号新龙大厦

电　话：（010）66050647　（010）66051713　（010）66061708

网　　址：www. shcbs. com. cn

经　　销：各地新华书店

印刷装订：中国电影出版社印刷厂

开　　本：150mm×225mm　1/16

印　　张：11.5

字　　数：181 千字

版　　次：2012 年 3 月第 2 版

印　　次：2014 年 6 月第 3 次印刷

定　　价：18.50 元

《英雄故事丛书》编委会

编者的话

胡锦涛总书记在一次中央领导集体学习时，特别强调要铭记中国革命史。他说，要把学习中国革命史与加强理想信念教育紧密结合起来，做到任何时候、任何情况下，都坚持理想信念不动摇、革命意志不涣散、奋斗精神不懈怠。

一部中国革命史的核心内容和本质要义，自然是爱国主义、革命理想和革命英雄主义。要铭记中国革命史，就必须坚持并加强革命传统教育，就要突出向革命英雄学习，学习他们为了革命理想和共产主义信念前仆后继，不怕流血牺牲的大无畏革命精神。

这套《英雄故事丛书》应时而生、应运而生、应势而生。丛书首批精选了《雷锋的故事》《张思德的故事》《刘志丹的故事》《刘胡兰的故事》《黄继光的故事》《马本斋的故事》《赵一曼的故事》《江竹筠的故事》《杨靖宇的故事》《邱少云的故事》《董存瑞的故事》《狼牙山五壮士的故事》《方志敏的故事》《王若飞的故事》《向警予的故事》等十几位最具代表性的革命英雄人物的动人故事，奉献给广大读者。当我们开卷阅读这些生动、形象的理想信念教育和革命英雄主义教育的珍贵图书时，仿佛看见光辉璀璨和感人泪下的英雄群体列队正向我们大步走来；似乎听到了英雄们高声歌唱的《国际歌》；好像伸手就能够触摸到英雄们跳动的脉搏。通过这套丛书，我们又会真真切切地感觉到，英雄是民族的脊梁。中华民族正是因为有了一代又一代层出不穷的民族脊梁，才会在中国革命史上书写了一页又一页的光辉篇章，也才会有今天中华民族的伟大振兴。然而，在物欲横流面前，也有一部分人变成了金钱和物质的俘虏和奴隶。他们无视民族英雄的存在，把民族英雄、革命理想和光荣传统抛在脑后。当有人提议要进行革命英雄主义教育的时候，竟然会有人不屑一顾。据一次若干所中小学校的千人社会调查结果反映出，知道刘胡兰、黄继光、董存瑞等英雄人物的中小学生，竟然不足被调查人数的20%，能够说出英雄人物感人事迹的更是屈指可数。难道这还不令人深深叹息和无比痛心吗?

无疑，《英雄故事丛书》的读者是全体国民，但是其主体读者是广大青少年、解放军战士、青年工人、青年农民和大中小学生。100年前有识之士梁启超说过:“少年智则国智，少年富则国富，少年强则国强，少年独立则国独立，少年自由则国自由，少年进步则国进步，少年胜于欧洲则国胜于欧洲，少年雄于地球则国雄于地球。”青少年永远是祖国的希望和未来，以爱国主义和革命英雄主义为主旨的“八荣八耻”教育，首先在广大青少年之中展开，不仅是现实的迫切需要，更有其远大的战略目标。

《英雄故事丛书》的作者，大都是40~50岁，他们以高度的责任心、丰富的社会经验、充实的历史知识、深邃的洞察能力、成熟的写作技巧融入的这套丛书，翔实厚重、手法灵活、视角独特、可读性强。他们为广大青少年读者奉献了一套内容丰富的精神食粮，一套不是教辅胜似教辅的好书。在此，我们代表广大读者，尤其是青少年读者，向这套丛书的作者表示由衷的谢意!

目录

苦难童年

山西省文水县，地处晋中。文水县有个小村叫云周西村，它的东面是太岳山脉，西边是吕梁群峰，云周西村为祁县、交城、文水三县交界处，汾河水不偏不离流经云周西村，让云周西村灵气顿生。就是这个小村哺育了一位女英雄，她叫刘胡兰。

云周西村一马平川，出产小麦、棉花，是个金不换的好地方。可是在解放前，村东头的好水好地都让地主富豪霸占着，贫苦农民只能租种村西的贫瘠土地，给地主扛长工打短工，有的还得背井离乡、逃荒要饭。村东村西真是黑白两重天。

1932 年 10 月 8 日，刘胡兰经过母亲十月怀胎“哇哇”坠地，诞生在一个贫苦农民家庭。四十多亩薄地和一头老牛是刘家的生存之本。爷爷刘来成，是个极其和善厚道的老人。刘家兄弟两人，老大刘广谦，曾在交城县一家杂货铺打工。俗话说“父母在不远游”，然而，迫于生计，老大只得常年在外。刘胡兰父亲刘景谦排行老二，憨厚老实，勤劳肯干，少言寡语，是个种地能手。刘家主事的是奶奶，大小事由她说了算。在生灵涂炭，民不聊生的时代，在奶奶的把持下，全家人住在祖辈留下的一处四合小院里，含辛茹苦，虽然家境不是很好，但男耕女织，克勤克俭，勉强度日。刘家人家风严谨，相当勤俭，晚上几乎不点灯，为的是省油。遇上好年景，奶奶也从不让家人放开肚子吃饭；遇到收成不好，吃糠咽菜也能凑合过。

在刘胡兰母亲怀孕时，奶奶就盼着生个儿子，可是母亲王变卿却生下了个女孩儿。生下刘胡兰的时候，奶奶见不是男孩儿，碍于胡兰是刘家长孙女，虽然没有抱怨，但脸色不悦，常常看了胡兰总是唉声叹气。生儿育女虽然不是父母的错，但面对奶奶的叹息声，家人们也不敢言语。其实在那苦难的年月里，谁家都希望生个男孩儿，长大能置田买地，兴家立业，劳动致富，更重要的是支撑门户，延续香火。“无后为大”，这是封建社会农民典型的想法，奶奶也不例外。所以，奶奶没有因为这个长孙女的到来高兴。

胡兰虽是女儿身，但做父母的同样寄予了厚望，期冀她给家中带来好运，让家庭富裕起来。所以，出生时父母给她起名“刘富兰”，名字中这个“富”字就可以看出一个挣扎在苦难与贫困线上的家庭对富裕生活的企盼与追求。然而，在那阴霾笼罩的年代，数不清的苛捐杂税与劳役压榨使得这个家庭连气都喘不过来。父亲刘景谦，虽是种地的一把好手，但是在封建地主与富农的残酷压迫剥削下，加上连年的天灾兵祸，虽使出了全身的力气也难以支撑这日渐贫困的家。

在胡兰很小的时候，妈妈就背着她下地干活儿，小小胡兰冬天受冻，夏天挨晒，从小受尽了生活煎熬。

胡兰两岁多时，妈妈又怀孕了，奶奶又是欣喜又是担心。当时，胡兰大娘还没生育，奶奶想抱孙子的愿望更加迫切，她总是整天在神像前烧香许愿，求神送子。然而，妈妈这次生下的又是一个女儿，奶奶的希望像肥皂泡一样破灭了。这回奶奶真的生气了，她逢人就没完没了地叨叨：“刘家的香火断在你们手里了。不生的不生，生的呢，一个又一个生赔钱货！”面对婆婆的责难，母亲只有忍气吞声，不敢顶嘴。

胡兰妈妈王变卿本来体弱多病，又生育两个孩子，加之长期的清贫与劳累，母亲身体每况愈下，生下妹妹爱兰后，便一病不起。胡兰和爱兰的降生并没有给这个家庭带来一点生气，反而给这个家庭添了两张吃饭的嘴。爱兰出生后，遇上年景不好，家里更穷了，几乎揭不开锅，没办法的情况下，借了地主石玉濮三袋“驴打滚”的高粱。地主石玉濮要求向他借贷的穷人提前还债。胡兰爹、爷爷没钱还债，只好到外地去躲债，妈妈的病是越来越重，只有奶奶一个人硬着头皮应付。那时，只要院门一响，奶奶就心惊胆战，生怕是来催债。

有一天，病重的妈妈因吃不下粗粮已好几天汤水未进，看到儿媳妇日渐病重，奶奶从一个小罐里掏出两个积攒下来准备换盐换醋的鸡蛋，做了一碗汤，妈妈端起热乎乎的蛋汤，刚送到嘴边，看到幼小的爱兰紧盯着碗，一副可怜的样子，就把碗放下，难过地说：

“胡兰，妈不想吃，你和爱兰喝了吧！”

懂事的胡兰忙说：“妈，我不喝，我吃饱了。你吃吧！”

“你吃饱了？”

妈妈看着胡兰消瘦的脸颊，把汤碗递给胡兰，心酸地说：“听妈的话，你喝两口，余下的让妹妹爱兰喝！”

刘胡兰接过碗没喝，看了看妈妈，又看了看妹妹，然后将汤碗送到了爱兰嘴边。

就在这时，院子里响起一阵脚步声，石玉璞的狗腿子来逼债了。奶奶为难地说：“家里揭不开锅，胡兰她妈又病成这样，也没钱治，我拿什么还呀……”不等奶奶说完，狗腿子指着爱兰手上的碗说；“装什么穷，这是什么？”说着就将爱兰手上的碗给踢飞了，几片蛋花洒落在地上，又气愤又心疼的奶奶浑身发抖，但又万般无奈。这时爱兰“哇”的一声哭了。刘胡兰气得憋红了脸，冲着狗腿子们大喊：“你陪我家蛋汤！”

胡兰是个懂事的孩子，在妈妈病重的时候，她每天扫地，给妈妈倒痰盂，打水添火，喂水端饭。妈妈看着自己拖累了孩子，有时默默的掉眼泪，胡兰便为妈妈擦泪水，自己也是泪流满面，时常母女俩就紧紧抱在一起，互相擦着泪，哭成一团。此情此景，所见之人无不为之落泪。

有天下午，妈妈的病忽然加重了，全身疼痛，又咳又喘，高烧得直说胡话。这天也是村里最乱的一天，前几天县里下令要各村选派一些“防共保卫团”成员到城里受训，怕万一红军来了的时候，死守县城。以前，村里人就听阎锡山的部队说红军可怕极了，到处杀人放火，还要“共产共妻”。这就更没人想去了。但县里命令云周西村要派三个人去接受训练，要求第二天就要动身。兵荒马乱，谁想舍家离口？全村人哭哭啼啼、吵吵嚷嚷，就是派不出人来。后来就决定抽签,谁倒霉谁去。这天胡兰爹硬着头皮去抽签,爷爷奶奶不放心,也跟随着去了庙上。大娘在家做饭,只有胡兰一个人在妈妈身边。胡兰一会儿给妈妈捶背,一会儿给妈妈按摩腿。妈妈不住的咳嗽,忽然妈妈咳出了一大摊鲜血。胡兰不知如何是好,忙叫来了做饭的大娘。大娘来了忙给胡兰她妈捶背,喂水,妈妈才缓过气来。

妈妈喘息未定,对大娘说:“大嫂……我不行了,你……给我把新……衣裳穿上吧。”

“她二婶,眼看就要过年了,不要说那不吉利的话,没那么严重,你会慢慢好起来的……”

“我的病我知道,我死倒没啥,苦的就是孩子……”妈妈还想说什么,但哽咽地说不下去了。过了一阵,妈妈接着说:“大嫂,我们在一个家也过了七八年了,有什么对不住你,也不要计较,我要是死了,孩子们就算托付给你啦。”

大娘哭泣说:“她二婶,这还要你说,你的孩子就是我的孩子。”她觉得自己的话有些不当,接着话头一转:“快别胡思乱想,年纪轻轻,那有过不去的坎儿,别说了。”

这时,妈妈又拉着胡兰的手说:“胡兰子,你已懂事了,爱兰还小,要多让她,你要学会照顾她,听大娘的话,不要惹奶奶生气……”

胡兰早泪如雨下,像个泪人,听妈妈这一说,仿佛妈妈马上要离开她一样,于是她扑在妈妈身边,双手紧紧攥着妈妈的手说:“妈妈你不能死,我不让你死……”

妈妈用尽了全身力气,把身子向胡兰身边动了动,苦笑着说:“傻孩子,妈怎么能留下你们就走呢?妈现在不是还好好的吧,不要哭了,哭,我难受。”妈妈一边给胡兰揩眼泪,一边哄着胡兰。

安慰完胡兰,妈妈对大娘说:“大嫂,我比刚才好多了,扶我一下,我想坐起来。”大娘忙在胡兰妈身后垫了两个枕头,让胡兰妈躺上。胡兰见妈妈确实比刚才好了些,心情也好起来。

这时,胡兰妈妈说她心里烧得慌,要是能吃口西瓜就好了,可是大冬天的那里有西瓜。大娘说吃点梨吧,可家里也没有。这时胡兰想起了刚才大街上好像有卖梨的吆喝声,她忙说:我去给妈买。大娘从裤腰里取出一角钱,递给胡兰说:

“能吗?”

胡兰说:“能!”

“快去!”

胡兰接过钱,拔腿就往外跑,妈妈叫住说:

“你先上庙上去,看你爹抽中没有?要是抽完签,就叫他马上回来,就说我有话要给他说。”

胡兰应了一声,像疯了一样往外跑。刚出大门不远,就迎面碰上了奶奶抱着爱兰回来了,胡兰忙问奶奶:“爹抽中了没有?”

奶奶兴奋地说:“没有,多亏菩萨保佑,谢天谢地,真是福人有天相!”

胡兰听爹没有抽中签,高兴极了,再没顾及给奶奶说话,撒腿就往大街上跑。奶奶在后面喊:“胡兰子,你去干什么?”

但胡兰一心想着妈妈吃梨的事儿,早一溜烟跑得没了人影儿。

村子里刮着风,家家户户关着门,到处灰溜溜的,只有墙头上写着一些阎锡山要求写的蓝色标语还看得见。胡兰在街里寻找卖梨人,顺着风声,她感到卖梨人似乎在东边,追过去,吆喝声顺着风声好像在西边出现,等她走到西边,卖犁人又到了后街,似乎卖梨人在有意躲着她。找了老半天,她几乎要找遍了整个村庄。最后追到村口,她看见了卖梨人,人家已上了村里的围堰了,她喊了几声,由于顶风,风声又大,人家没听见。想到妈妈想吃梨,她只好不要命的追过去。

梨买上了,胡兰又高兴又着急,她想妈妈等了老半天了。她加快脚步,恨不能一步走到妈妈身边。

走到家门口,家门上贴着四张白纸,院子里哭声一片。她推门进去,看见大人们都回来了,走进妈妈的屋里,只见地上支了扇门板,妈妈直挺挺地躺在上面。她“哇”的一声哭了。

胡兰走近死去的妈妈身边,将梨放在妈妈手里,可妈妈的手已经僵硬了,再也拿不住女儿为她买的梨。

满院落是小孩子的哭声和大人们的叹息声,到处透出凄凉之情。

大人们忙着给妈妈准备后事,弄棺材的、扎花圈的、做孝衣的、供香的,大家走来走去,一片忙乱。这时爱兰也没人管,在一边哭得声音嘶哑。胡兰,突然想起妈妈说过的话“要好好照顾妹妹”,便走过去抱起爱兰，哄她不要哭。

一切准备就绪，爷爷说一会儿就要“入殓”，胡兰不知是什么意思，就跟着大人出了门来。只见大人们从外面将棺材放在东棚里，又将妈妈抬过去放进去。随后，就抬上了棺材盖子放在棺材上，胡兰跑过去不让放盖子，说：“不要盖，这样会闷死妈妈。”她扑在棺材盖上“哇”的一声大哭起来。奶奶怕死人有“殃气”，就过来拉她，她又踢又叫，就是不让。最后爷爷才抱起她走了。

在场的人们看到这情景都忍不住抹眼泪，一些女人们边哭边低声说：“多可怜的孩子，这么小就没了娘。”

在那兵荒马乱的年头，胡兰妈死后，也没按习惯方式埋葬，就连在家停放的时间都不够，就草草了事的埋了。

母亲带着对生活的遗憾撒手人间，使刘胡兰过早地失去母爱。一个年仅 4 岁的孩子，在生命的历程中过早的体味了生死未卜的命运，加倍体尝到了人生的不幸与苦难。

母爱被我们普通人视为阳光、绿色、生命，视为房厦与衣食，视为心在无论怎样的遑遑中都能求得安适的所在，然而刘胡兰早早地失去了。

母亲虽然没有给胡兰留下丰厚的物质财富，但她的确给留下了精神财富，那是一个农民的朴实无华和勤劳勇敢，时常胡兰想念九泉之下的母亲，希望母亲再摸摸她的脑袋，更希望母亲像不动声色的星座，把清澈的光辉洒向自己祈祷的心坛。

好强的个性

胡兰是个生性要强的孩子，对什么都不服输。有一次，胡兰爹生病了，卧床不起，家里煤炭快烧完了，大伯当时还在交城打工，爷爷年老体弱又不能去驮炭，急得奶奶老唠叨。

一天上午，胡兰正在帮大娘推碾子碾小米，邻居大嫂来胡兰家串门，与奶奶聊天。聊了一会儿，这时大嫂儿子小青路过胡兰家门口，将家门钥匙递给他娘，高兴地说："妈，我去驮火炭了。"胡兰奶奶看见小青，就对大嫂说："看养儿子多好，驮炭的活儿就能让他去干。"奶奶接着指着胡兰说："看我们家这个，只能待在家里，什么事干不了。"

"大娘，话不能那么说，儿女都一样，将来找个好女婿，你就沾光了。"小青妈说。

"不要瞎指望，闺女家就是个赔钱货，白养大，迟早都是人家的人。"奶奶唉声叹气道。

胡兰听了，心里好不是滋味，她心想：自己不比男孩子差，凭什么这样说我。

于是，她放下手里的活儿，从牲口圈里牵出骡子，吃力地架上爹常驮炭用的那两只筐子，对大青说："大青哥，我跟你驮炭去！"

爷爷见胡兰要去驮炭，急忙劝道："你放下，这个犟丫头。"

胡兰说："爷爷，我能！"

躺在床上的胡兰爹在屋里听见外面人说话，就叫胡兰大娘过去，说：“不要叫胡兰去驮炭，我的病过两天就好了。驮炭要走八九十里山路，太危险。”

胡兰大娘一个劲的点头，安慰了胡兰爹几句，忙从屋里出来，对胡兰说：“胡兰，你不要去驮炭，等你爹好了去驮。”

胡兰说：“没事，我能行的，再说一路有大青哥。”

小青在一旁帮腔说：“爷爷、大婶，让胡兰去吧，她能行的，有事我会帮她的。”

奶奶、大娘都在那里你一言我一语劝胡兰不要去，可是胡兰就是要去。大家看熬不过她，再说当时家里又需要烧的，就让她去了。

胡兰和小青牵着骡子，就向山上走去。一路上，胡兰和小青有说有笑，很快就到了炭窑上，给装上了炭。

在回来的路上，天变了脸，下起了雨，而且越来越大。家中奶奶看见下起了雨，又在那里埋怨胡兰大娘：“你看，下这么大的雨，你们要胡兰子去驮炭，出了事，怎么对得起她死去的娘哦。”

奶奶这么一说，说得全家人心烦意乱，不知如何是好。爷爷拄着拐杖，一会儿到门口看看，一会儿又去街上看看。奶奶去烧了炷香，一个劲在那里祷告让菩萨保佑胡兰子平安归来。

雨在不住地下。胡兰和小青在雨中牵着骡子冒着雨往回赶路。傍晚，他们回到了村里。走在大街上，他们听说日本鬼子打到县城来了，地主们又回到村里。就在这个时候，胡兰与村里地主的马车，走了个面对面。狭路相逢，地主见胡兰和小青没有让道的意思，从马车厢里伸出头来骂道：“没长眼是吗，看不见老子的车要过！”

胡兰不堪示弱地回道：“路又不是你家修的，你过，我们不过啊！”

地主骂道：“哟，穷鬼胆大了，看我今后怎么收拾你！”骂完，无可奈何地将马车向墙脚靠了靠，与胡兰他们擦身而去。

与地主抢道，胡兰占了上风，她觉得心里好痛快，一鞭子重重的落在骡子身上，骡子“哒哒”地就向家里赶去了。

回到家，爷爷奶奶看见胡兰平平安安的回来了，高兴的不知说什么好。大家只是问长问短，说不出的高兴。见胡兰淋得像个落汤鸡，奶奶忙叫大娘给胡兰找来干衣服换上。奶奶夸胡兰：“我的好孙女长大了，有本事了，奶奶没有白疼你!”

驮炭的经历，让胡兰长了志气，培养了自己的主见。从此，她做什么，只要想到了，就敢去做。

听县长做报告

六支队大象镇一仗无疑给了不可一世的日本鬼子一记响亮耳光，打破了皇军不可战胜的神话，更是给抗日军民以极大鼓舞。这一年，文水县在西山成立了抗日民主政府，新上任的县长叫顾永田。顾县长发了布告，宣传抗日形势，要为老百姓减免苛捐杂税。在各村改造村政权，过去办公事的是财主，现在全是贫穷的庄稼汉。村里还成立了农民抗日救国会、妇女抗日救国会、青年抗日救国会。云周西村到处都在谈论抗日救国的事，唱抗日救亡的歌，日子实实在在成了老百姓的日子。顾县长上任不到一年的工夫，就在老百姓中树立起了很高的威望，人们称赞说这是个万里挑一的好县长。居然村里有人家过去用来供奉神位的地方，现在供奉县长了。

1939 年春，一天，顾县长来到了云周西村，全村上下沸腾了。街上的锣才敲了一遍，大家听说县长要在槐树场开会，男女老少都积极地去了。

这天，胡兰听说县长来开会了，吃完饭就急急忙洗涮，忙得差点儿把一个大碗给摔了。大娘看出了胡兰的心事，就说："你走吧，我来收拾。"一听这话，胡兰就放下手里的活儿，高兴地走出了家门，急急地向大槐树场走去，边走边想县长是个啥模样，为什么这么能干。她走到会场，会早开了，场子上人群黑压压一片，四周围墙和树上都爬满了人。胡兰从人群缝中挤到了前面，这才看见，场棚前摆了一张桌子，有个人正在演说。演说的人穿着军装，打着绑腿，腰里插了一支手枪，枪柄上系了一束红绸。难道这人就是顾县长？不，胡兰看这人眼熟，想了一阵，才想起上午出门，在庙上就是这人与区上的张区长还有村长走在一起，边走边说着什么。胡兰从他们身边经过时，听见这个穿军装的年轻人说："我们是共产党的干部，共产党的干部就要为人民服务，我就是人民的勤务员"，胡兰知道，以前驻部队，部队里就有个年轻人是勤务员。那谁是县长？

胡兰正在纳闷，身后有人捅了她一下，她一扭头才看是金香和玉莲。她忙问："哪个是顾县长？"玉莲说："就是讲话那个人"。

胡兰说："不对，他说过他是勤务员。"

"哄你烂舌头！"金香发毒誓。

玉莲说："开会时张区长介绍的，就是他。"

几个人嘀咕嘀咕，也没听清顾县长讲什么。周围的大人嫌她们吵闹听不见县长讲话，不满意了，有人训斥说："这些孩子说甚，听县长的。"她们不吭声了。这时才听清顾县长说：要认识到鬼子迟早要被消灭，但并不是件容易的事，打日本鬼子，要做长期准备。毛主席教导我们要开展持久战，才能取得最后胜利。

玉莲听不懂持久战是什么意思，就问金香："什么是持久战？"

金香不假思索就说："唉，就是吃了酒就去打仗，这样有胆量。我爹打我妈就是喝了酒，打起来没轻没重。"

胡兰没有理会金香和玉莲讲话，专心听着顾县长讲话，但也是没听懂，什么日军长处短处，我军优势和劣势，有利条件与不利条件，等等。她也没弄明白这些话的意思。

这时会场上掌声雷动，掌声之后，大家交头接耳议论纷纷，胡兰只听大人们说："日本鬼子，你在你们国家好好过日子不行，非要找事，我们不打行吗？"有的说："哪里有日本人，哪里就会出现抗日群众，现在抗日部队越来越多了。"有人说："跟着共产党没错，一定能打赢日本帝国主义"。

台下议论了一阵，声音渐渐小下来，台上顾县长又讲话了："……父老乡亲们，打鬼子要有队伍，队伍要粮食养活，想一想，我们的战士吃不饱，哪能去打敌人？所以，我们不能上前线打鬼子，那就要种好地。县政府决定要减租减息，要改造那些旧的制度，减轻大家不合理负担，为的也是抗日。其实，不能上前线打仗，你多种一担粮，多织一匹布，也是对抗战做贡献。我们和军队只有吃饱了穿暖了，才能多种粮食，才能打鬼子，父老乡亲们说是不是？”

“是！”台下人异口同声地回答，那喊声像山洪一样。

胡兰听懂了顾县长这些话，她有些热血沸腾。听顾县长讲话，让胡兰开了眼界，她心想，顾县长们知道的真多，真了不起！

晚上，爷爷、爹和大伯都在那里议论了顾县长的好，大伯也在家里心服口服地说：“你看，人家十九岁当县长，又能文，又能武，真能干。”

胡兰想，人小也能干大事，她暗暗地发誓自己也要干大事。

榜样的力量

有一天,胡兰从外面回来。听奶奶又在唠叨:“也不多长个心眼,人家叫做啥就做啥,死木头人。你就不知道说自己有病,出不得远门?怎么事事都让我这个老太婆来操心哦。”

胡兰爹在一边无奈地说:“我甚病也没有,干吗要说假话骗人,再说这是公家派出的事,还能不去吗?”

奶奶一边埋怨爹,一边在打烧饼,给爹做干粮,看样子爹是要出远门,但胡兰不知道爹要去做什么。

看到紧张的气氛,她又怕问了挨嚷。这时,妹妹爱兰走到她身边小声说:“爹今晚要给公家往山里送布去。”

这下胡兰明白了,昨天,听人说队伍袭击了祁县火车站,把敌人仓库给端了,缴获了敌人许多物资。刚才她在村公所看见两大车白洋布,爹肯定是要往根据地送这些战利品。

爹也不管奶奶叨叨,揣好几个饼就默默走出了大门,胡兰和妹妹也跟到了村公所。这时的村公所非常热闹,村长陈照德、农会秘书石世芳,还有石居山,石五则等村公所的人都在,大家正在分配要送的布匹,大家出出进进,忙里忙外。分好布,将送布人编好组,点了名,讲了注意事项,然后讲了行走路线,这才叫大家背上布匹出发。临行前,陈照德千叮咛万嘱咐,要大家小心,千万要躲着敌人走,千万不要出现什么意外。

一路人渐渐消失在夜色中。这时，胡兰看着爹和其他人一同上路，她既为爹也做抗日工作感到高兴，但又为爹担心。她知道去西山里要通过敌人的封锁线——太汾公路。

那一夜，胡兰睡得不踏实，他老是为爹担心。

第二天，拾粪的爷爷从外面慌里慌张跑回家，气喘吁吁地说：

“不好了，送布的让敌人打散了……”

这一句话，像在胡兰家里扔下一颗炸弹，大家都惊呆了。

爷爷也不再说什么，放下粪筐又跑了出去。接着奶奶、胡兰和妹妹也跟了去。

走到大街上一看，大街里人很多很乱。几个送布的民夫，正在井台前向村干部讲夜里的经过。他们说夜里通过封锁线时，刚过去有一多半人，就被敌人发现了。敌人又是打枪，又是打炮，又是叫喊。送布的也有些心慌，过了路的拼命往山里跑，还没过的，就只好退回来躲藏。

越是听他们说，让人越是感到紧张。

后来，经公所人核查，其他人都回来了，单单就胡兰爹没回来。一听是这样，全家人的脑袋都大了。

奶奶一会儿问这个，一会儿又问那个。见谁就问：“见到我景谦没有？”

有的说开始胡兰爹走在前面，可能过去了；有的说后来就走后面，也许没有过去；有的说黑灯瞎火，没有看清；有的说一打枪就乱了，谁也顾不上谁。

儿子没有回家来，急得胡兰奶奶像热锅上的蚂蚁，坐卧不安。于是她拉着胡兰和爱兰回了家，走到家里就点了炷香，在那里虔诚的祈祷。

漫长的一天过去了，还是没见胡兰爹的人影儿。晚上，一家人坐在那里，谁也不说一句话，都在叹气抹泪，那情形，那气氛，像是在守灵，真的像胡兰爹已经死了一样。后来，大伯从村公所回来，说干部为这事也很着急，决定派人沿路去打听寻找，大伯也跟着去。正在大家忙着打发大伯动身时，胡兰爹突然回来了。胡兰和爱兰见爹回来，几步跑过去，挽着爹的胳膊肘儿，不住地叫“爹，爹……”胡兰长这么大，这是最亲近爹的一次，此时此刻爹在她心里不只是一个概念，而是一个活生生的存在，她感受到要是没有爹的日子会是多么可怕。大家见人回来了，高兴得不知说什么是好。

原来，胡兰爹讲他们被敌人发现后，他还在路这边，听到枪响，以为敌人追了过来，他怕敌人抢走了布匹，先躺进了谷子地里，等了一会儿，见敌人没往这边追，又趁黑跑了很远，躲藏了好一阵，听不到枪响，他又试着靠近封锁线，这时也没了敌人，但也没找到自己人。他趁机跑过封锁钱，但怎么也没追上其他送布的乡亲们，只好独自一人背着布匹前往西山，路上各村儿童团、自卫队沿途盘查，耽搁了时间。等他送去布匹，其他人都回来了。部队上要留他住下，他没有，就独自返回了。

奶奶说："说你死心眼不是，敌人打散了，你瞎碰乱撞，那不往回返算了，还要冒死往山里走，多险呀！"

胡兰爹说："那哪成，应承了的事，就得给办到，再说山里冷了，队伍要做棉袄。"

胡兰听了爹爹的话非常感动。平常一个不善言语的人，说出话来是那样有血性，掷地有声。胡兰对爹油然而生敬佩之情，感到爹为八路军做了一件了不起的事。

胡兰为有这样的爹爹高兴，她暗下决心要以爹爹为榜样，为抗日做贡献。

有一种死亡叫崇高

顾县长穿着军装，打着绑腿，腰里插了一支手枪，枪柄上系了一束红绸。这是刘胡兰那一次听顾县长作报告留在心中的形象。胡兰也只见过顾县长那一面，就再也见不成了，因为顾县长在一次战斗中英勇牺牲了。

俗话说："有钱没钱，回家过年"。可见传统节日对每个老百姓是何等的重要，日本鬼子深谙个中道理，于是在这个中国人团聚的节日里开展了大扫荡。

那是1940年春节，云周西村家家户户贴上了春联，胡兰和妹妹都穿上了妈妈给做的花棉袄，根据地的人们也在准备过大年，整个村子因为驻有抗日队伍显得更加祥和安宁。大年三十晚上，为了防止敌人突然袭击，顾县长带着一队人马，到了三道川一带巡视。果然鬼子趁老百姓过年团聚的时候，进山扫荡来了。为了使村里群众安全转移，顾县长果断地指挥队伍占领有利地势狙击敌人。战斗打响几个小时后，通讯员报告说村里群众已安全转移时，战士们恳切地劝县长赶快转移下去，但是，他命令说："立即转移，我来掩护！"，他点名留下几个战士，接着又组织战斗。

大批战士们也转移了，顾县长和留下的几个战士却被敌人纠缠住了，再也脱不开身。就是在这时，不幸的事发生了，突然一梭子子弹打过来，顾县长身负重伤，但他仍在坚持战斗。敌人再次冲上来了，他将一颗颗仇恨的子弹射向敌人，忽然，他那枪柄上的红绸当空一闪，随着就沉重的落下来，顾县长为了革命的胜利，为了战士和人民群众的安全献出了自己年轻的生命。

那次战斗非常激烈，整整打了一天一夜，打死敌伪军30多人，群众和大部队得到安全转移。

云周西村的群众在春节这样一个本该快乐的节日里，因为顾县长的牺牲而沉浸在万分悲痛之中。刘胡兰哭红了双眼，她恨死了日本鬼子和汉奸，找到村里干部，对他们说："一定要为顾县长报仇！"

顾县长那年轻的面容，那洪亮的声音，在刘胡兰心中成了永不磨灭的记忆。

刘胡兰虽小，但顾县长的牺牲，让刘胡兰认识到了一个人活着的价值，认识到什么才叫死得其所，她明白了有一种死亡叫崇高。

斗争的策略性

扫荡之后，成了鬼子的天下，时局一片混乱，老百姓过得提心吊胆。不久，云周西村成立了伪公所，玉莲三舅石三槐，金香大哥刘生根在村公所当了公差。这时，以前的抗日村长陈照德、农会秘书石世芳在村里露面了。而且，他们居然同金香爹刘树旺合伙开了个"通兴成"杂货铺。刘树旺在村里本来名声不好，现在他为了生意经常到鬼子据点去进货，与信贤村的大流氓焦大林成了好朋友，焦大林又和伪军中队长杜子信是哥们儿。这样一来，他们一伙就同伪军拉上了关系，这些人一来村里就常去杂货铺吃喝玩乐，称兄道弟，让人们很是看不惯。过去的抗日干部陈照德、石世芳也和这些人同流合污，村里人都背地里骂他们，说他们是两面派，共产党来了就给共产党干，鬼子来了又讨好鬼子。

有一天，胡兰爷爷，去了"通兴成"杂货铺买东西回来，神色慌里慌张地对奶奶说：

"老婆子，不好了，铺子里那一伙正劝我们广谦当闾长……"

奶奶着急地问："什么？当闾长？什么年月，这不是要脑袋瓜子的事吗。"奶奶叹了一口气接着问："他同意了没有？"

"我一去，他们就不说了，我也不知道他同意没有，你得劝劝广谦，千万不要让他干这差事。"

胡兰在一旁听到这事，就气恨陈照德和石世芳。胡兰想，如今是鬼子的天下，当闾长就是给敌人办事，那是让大伯往火坑跳哇。

胡兰又想，大伯不会干这种事，因为他以前非常痛恨当汉奸，所以，胡兰相信大伯不会干这种事。

爷爷和奶奶正在那里商量如何劝大伯不要去当闾长，这时大伯从外面回来了。奶奶急忙问：

“你答应没有?”

大伯一副无所谓的样子说：“当就当，我答应了。”

“天啊，你答应了!”奶奶又急又气地说：“这是什么年月，你敢去干这事?”

爷爷对这事也不满意。大家说得苦口婆心，但大伯却不动声色，不说不干，也不说干，谁也不知道他是怎么想的。

大娘在一边虽然没有说什么，但满脸的不高兴，也许是想到这事凶险，她在旁边偷偷抹开了眼泪。大伯见了，嚷道：“哭啥，又没死人。”

刘胡兰见大伯这么凶，有些替大娘抱不平，气冲冲地说：

“哼，给鬼子干事，就是当汉奸。”

这一句惹恼了大伯，大伯没好气地说：

“你懂个屁!”

胡兰再也没敢再说什么，但心里恨透了大伯。

大伯当了闾长，白天在外干事，乐呵呵的，可回到家里，谁都不愿与他说话，嫌他给家里人丢脸。

有天晚上，胡兰一家人吃过饭都睡下了。忽然门外响起一阵急促的敲门声，爷爷忙去开了门，随后跟进一个人来，与爷爷嘀嘀咕咕说了些什么，来人叫大伯起了床，说部队来了，要大伯弄些米面做饭。从口音胡兰听出是世芳叔，她连忙从床上坐起来，问爷爷：

“咱们的抗日队伍来啦?”

奶奶接嘴训斥道：“小孩子家不要管这些事，悄悄睡吧。”

“又是哪部分的?”

“听世芳说是县大队，也是从西山下来的。”

大伯们走后，爷爷奶奶忙照顾大家睡下了，生怕生出什么是非来。

胡兰却睡不着了，她这才明白大伯、世芳叔、陈照德们都在做抗日工作。胡兰为有抗日组织存在而高兴，觉得心里又有了主心骨。

见大伯、世芳叔和照德叔他们明着给鬼子办事，图的是暗地里为八路军办事，从此胡兰也明白了一个道理：同敌人斗争，要讲策略，要巧妙的做斗争才能取得胜利。

学骑自行车

一天，胡兰到村里南场子去玩，无意间看到玉梅和黄梅从金香家推出了一辆自行车，车子很新，远处看闪亮闪亮的，车座上还套着一个绒套子。胡兰见到了很好奇，问玉梅："这是谁的车子？"

黄梅说："可能是金香家客人的。"

胡兰问了一阵才知道，玉梅和黄梅是来找金香玩的，可金香不在，见车子好玩，就给偷着推出来，准备到南场院子里学骑车。玉梅对胡兰说："你来了，我们一块儿学吧。"

胡兰对学自行车也很有兴趣，就同意了。三个人谁也不会骑，开始玉梅和胡兰掌着车，让小个子黄梅骑上去，但黄梅的腿却够不着脚踏板，于是，又换上玉梅骑，由于不会骑，三个人人累得满头大汗，可谁也不愿休息。玉梅骑了一阵子，叫胡兰上，她便上去了，因为大家都累了，胡兰骑上还没走出几圈，黄梅那边支撑不住了，急得玉梅在这边大叫："快扶好，要不车子就倒了"，话音未落，车子重心偏了，心慌中的胡兰下意识撒开了一只手，只听"卡喳"一声，连人带车子摔倒在了地上。胡兰一只膝盖碰破了，但不严重，她揉搓了一下就起来了。黄梅和玉梅把车扶起来，一看，哦，坐礅套子弄脏了，车把歪到了一边。再仔细一看，后轮上两根辐条断了。自行车当时是个稀罕玩意儿，一般人家只是见过，是买不起的，当时县城才有修车的。这弄坏了可怎么办，三个人商量了半天，也没想出个好法子。没办法，只好把车给人家送回去，谁推车呢，胡兰说："车是我骑时摔了的，我推去还好了。要挨骂，我一个人担着。"说完推着车就走了。

玉梅在后面追上说："我先去看看，要是院子里没人，就放下车走好了。"

说完玉梅就跑过去，在金香家门口偷看，果然，院子里没人。于是她招手，示意胡兰将车推过去。院子里只闻到金香家炒菜的油香味，听到锅碗的碰撞声。胡兰放下车就准备出门。然而，她想这样不对，在学校里，老师讲过孩子从小要诚实才对。把人家车子弄坏了，就应该告诉人家才对。正在她犹豫不决的时候，玉梅和黄梅招手示意她赶快走。胡兰心想：挨骂就挨骂，偷偷溜之大吉不对。于是她冲着金香家厨房喊："树旺嫂子，这院子车是谁的。"

话音未落，从屋里走出一个人来。这个人二十多岁，穿得很阔气，手上戴着手表，走到自行车前，笑着对胡兰说：

"车子是我的，干吗？想骑吗？"

胡兰说："我刚才学骑给弄坏了。"

这人走到车前，双腿夹住前轮子，用手正了正，说："这没事，弄一下就好了，这不算坏。"

胡兰忙指着后轮辐条说："这也是我摔坏的。"

那人又说："车摔了，你没摔着吧？"胡兰不仅没挨骂，反倒人家关心起她来，很不好意思。难过地说："我把你崭新的车弄坏了……"

"哦，是胡兰子呀！想学车呀？"金香她妈李薏芳从屋里出来了。

胡兰把摔车的事简单地说了一遍。那人说："没关系，只要没摔着人就好了。你看这孩子多好，敢于承认错误。"

李薏芳忙接过话："她叫刘胡兰，是我们本家亲戚，按辈分金香还得叫她姑姑。"

金香妈说着话，又向门口张望，嘴上说："你看这金香，打点酒半天了还没回来。"

话一岔开，摔车的事就过去了。

"胡兰，去我家吃饭吧！"李薏芳说，胡兰心想：奶奶常说金香家交的都是狐朋狗友，没有一个好东西，要知道我在你家吃饭，非打我不可了。

“算了,谢谢树旺嫂。”胡兰边说,边就走出了金香家。

走出金香家,正巧碰上了金香提着个玻璃瓶回来,胡兰忙问:“金香,你家那个新来的人是谁?”

金香说:“我也不知道,爹领着他回来,只说是个贵客,要妈好好招待。”

胡兰见金香说不出个所以然,两人聊了几句就走了。

胡兰回到家里,心情很好,她想把在金香家碰上的人说给奶奶听,又怕奶奶反感,也就没吱声了。她怕奶奶说她去那地方学坏了。的确金香家的名声不好,在她家歇脚的,不是地痞,就是流氓,没有一个好东西。然而,胡兰觉得今天碰上的这个人怎么看都像个好人。

第二天,胡兰在村里又见到了金香,她又问起人家那客人走了没。金香说:“我舅舅没走。”她还给胡兰看了她舅舅给买的新衣服和袜子。金香说她以前没见过,昨天晚上她妈告诉她的,这人是她舅舅。

胡兰起了疑心,问:“你舅舅怎么一口外地话?”

“哦,我舅舅在北平做生意,好多年不回家了。现在有钱了,才回家看看,还带了个留声机,一放就有人唱歌。”金香炫耀地说。

金香叫胡兰去她家听留声机,胡兰没去,金香就自个回家了。金香走了,胡兰想,听大人说北平早就让日本鬼子给占领了,金香舅舅还在北平挣了那么多钱,是不是当汉奸了,现在是派到这里搞破坏的?胡兰越想心里越是疑云一团。她想,还是先去报告一下,于是她匆匆忙忙去了“通兴成”杂货铺。正好世芳叔在那里,她忙说:“世芳叔,金香家来了个客人,说是北平来的,是不是金香舅舅?”

“对,没错,是金香舅舅,你见过他?”

“见过。”

“他叫李六芳,在北平做生意,你怕他有问题?”

“不敢肯定,我只想告诉你们一声。”

“做得对,不过这个人绝对是个好人。”

听了世芳叔的话,胡兰心里亮堂起来。她看到许多人在暗地里做抗日工作,对抗日更是信心倍增。

出名的机灵鬼

1941年秋，金香舅舅李六芳从北平来到了金香家，还带着一部留声机，在村里人看来那是个稀世珍宝。金香舅舅是个能说会道的人，经常给人们讲北京天桥如何热闹，又说北海公园如何美丽。他住在村里不久就跟好多人混熟了，他就常和人们打牌，还要钱。这样一来金香家就成了聚众玩耍的地方，村里人就有些看不惯，谁家都教孩子不要去那个是非之地。但是留声机是一个吸引人的东西，好多人都想见识见识。金香的舅舅李六芳胡兰是见过的，而且刘六芳也记住了胡兰，前两天还主动与胡兰打过招呼。这天下午，胡兰突然想去看看留声机，可是想到金香家赌博的名声不好，就没去。于是，胡兰转身就准备去玉莲家玩儿，走了一阵，就到了玉莲家的胡同口，她正要转身进去，可从另一个胡同口走来了伪公所供职的石三槐，石三槐，边走边大声说话："良民的欢迎，欢迎太君！"。胡兰知道有鬼子，撒腿就想跑，这时石三槐已走到她身边，他装着鞋子里进了土，脱了鞋在墙上拍了拍，又穿上。就在这个瞬间，他低声急促地说：

"胡兰子，快去金香家告诉一声，就说……"话还没说完，后面的敌人就跟上来了，于是他话一转说："小孩子的让开，皇军来了。"

"太君的辛苦，辛苦。村公所的咪西咪西。"石三槐边说边引着鬼子和伪军向观音庙走去。

胡兰愣在那里，她不知道三槐树的话是什么意思，"快去告诉一声，就说……”哦，是告诉他们敌人来了，可金香家现在是个赌窝，是不是叫他们给准备抽大烟的钱送给敌人，呸，我才不去呢？胡兰不想去干这龌龊的事。

然而，她想石三槐是个好人，过去做过好多抗日工作，还在特务团当过通信员，虽然他现在是公所里的人，但还和世芳叔好呀。

胡兰这么一想，觉得这话里有情况，看刚才三槐叔讲话那样子，也不是随随便便说的，他脸色很着急。这么一想，胡兰猜测金香家肯定有抗日干部，要让通知他们快躲开。胡兰想起了抗日干部曾经就去过金香家，于是飞快向金香家跑去。走到了金香家门口，她又想起了奶奶的话，曾经奶奶说不要去金香家，那都是一些败家子待的地方。她停了一阵，觉得也不能光听奶奶的话，万一是抗日干部在，那就危险了，于是，她“哐”地一下推开了金香家的院门。进了门，她就径直想去屋里，正做针钱活的金香妈李薏芳就给拦下了，说：“胡兰，金香她不在家。”

胡兰忙说：“三槐叔让我告诉一声，敌人来了！”

李薏芳干咳嗽了两声，急急轻声问道：“在哪里？”

胡兰正在回答，屋里响起了留声机。接着石世芳从屋里伸出了头，招呼胡兰：“进来，进来。”

进了屋里，见抗联主任老唐、区长张有义，村长陈照德都在。桌子上堆了麻将，样子好像在赌博。金香舅舅穿得阔气，正摆弄留声机。见是自己人，胡兰心里一阵惊喜，说：“怪不得三槐叔让我来通知，原来都是自己人。”

见了自己人，胡兰心里平静多了，她滔滔不绝地将刚才发生的事讲了一遍。大家都用赞许的目光看着她，区长说：“干得好，真是个小机灵鬼。”听到表扬，胡兰腼腆的有些脸红。

“我看还是散了吧，要是敌人来了就麻烦了。”区长对大家说。

村长指了指桌上的麻将说：“我们还是干这个吧！”于是大家伸手洗麻将，“哗啦啦”直响。

大人们装着玩麻将，支胡兰出门看有没有情况。她出门望了望，见金香在另一个胡同口，她急切地跑过去，说：“敌人来了”。金香像屁股后着了火似的要回家去，胡兰又说：“我通知他们了，并将发生过的事一五一拾的说了一次”。

胡兰半信半疑的问金香：“你们家来的都是自己人？”

金香说：“我也不知道，以前来人，他们玩牌，还让我倒水点烟，谁赢了钱还赏给我。可舅舅领来的人玩就不让我在家了。”

两个孩子你一言我一语正说着话，这时，石三槐哼着山西梆子腔走了过来，见胡兰停下问：“我刚才让你捎的话，捎到没有？”

胡兰点头，并问三槐叔：“敌人走了吗？”

“走了！”石三槐接着哼着梆子腔走了。胡兰和金香也跟着回了金香家，家里人全是抗日组织的人。

原来敌人是路过，在公所吃喝一气就走了。三槐叔给金香家的人讲了讲，大家哈哈笑了一阵。

这时，大家又把话题转移到胡兰身上，说石三槐那么含糊其辞的一句话，她也听懂了，夸她真是个机灵鬼。

后来，胡兰的事在队伍中就传开了，她就成了有名的机灵鬼。

英雄无泪

在那种斗争形势的错综复杂的年代，一个大人要认识一件事都不容易，何况胡兰还是一个孩子。胡兰对伪村公所的石居山就有过错误认识，然而，当她亲眼看到一个抗日同志的言行之后，才深深为他所折服。

有一天上午，胡兰突然想去学校看看。那天阴天，下着毛毛雨。胡兰走到了学校门口，学校牌子已经没有了，大门敞开着，院子里鸦雀无声，再也没了朗朗读书声，也没了同学们的欢笑声，死一般寂静。从门口望去，满目凄凉，她心中难过极了。正在她难过的时候忽然从背后传来一个声音说：

"有什么看头呢？连门板都拆却盖碉堡啦！"

胡兰回头一看，见说话的是村公所的石居山。胡兰心里"哼"了一声，但没说出来。她原以为石居山是一个好人，以前抗日队伍在的时候，他招呼人开会、送信什么的还满积极，可是敌人一来，他就又帮敌人干事，整天忙着支应敌人了。这号人，原来狐狸尾巴是藏起来的。胡兰没有理石居山，就径直走进了学校。此时的学校，门窗上的玻璃全打碎了，屋子里空荡荡的。地上有烧过的火堆，火已熄灭，周围还有未燃烧完的桌子腿，满地鸡毛，还有空罐头盒子。胡兰知道这是敌人来这里干的，心里又气又恨。口里不由自主的骂出声来："鬼子们，等有一天八路军来了，也得烧死你们，像烤一只鸡一样。"

胡兰骂着，就向学校大门口走。正在这时，门外突然响起一阵"唔哩哇啦"的叫骂声，一听她就知道是鬼子来了，她轻轻走到大门口,伸出头向外一看,只见庙门口停着一辆大马车,两个鬼子端着枪。门廊上,吊着一个人,几个鬼子正在抽打他。看到是石居山,胡兰有些幸灾乐祸,她想:活该,谁让你为敌人办事,现在落了个狗咬狗的下场。

胡兰看到石居山挨揍,就想跑回家告诉给其他人。然而她才一动步,突然又收回了脚步,她想,这样太危险,要是敌人向自己开枪怎么办,她出来的时候,又没给奶奶说,出了事,奶奶会急疯了不可。于是,她打算紧贴墙根在那里躲一会儿,等敌人走了她再回家。

敌人抽打的声音更响了。打了一阵,又在那里问:

“区上老韩住在哪里?”

“我真的不知道。”

“原来那些村干部都躲哪里去了?”

“这么大的地方,腿长在人家身上,我怎么知道他们去哪里了。”

“粮食藏在哪里?说不说,不说就枪毙了你!”

“说吧,说了会给你好处,给你大洋。”

这些胡兰听得一清二楚。她心想,石居山,你千万不要说。但她又想,石居山给敌人办事,他能不说吗?胡兰有些担心。

敌人一会儿逼供,一会儿引诱,石居山只是求情,但没说一句对敌人有用的话。这时敌人的抽打更凶狠了,胡兰听到了石居山的呻吟声。一会儿,胡兰又听见重重的打砸声,突然石居山破口大骂:

“老子就是不告诉你们,打死我好啦,狗杂种,你们不得好死,中国人一定要铲除你们的。”接着听到更凶残的打骂声和撕心裂肺的惨叫声。后来就没了声音。

过了一阵,胡兰见敌人把石居山带走了。胡兰从墙缝看见,敌人将石居山绑在马车后面,两只腿拖在地上,脸上全是血,身上湿淋淋的。车子走过去,石居山的两腿在地上划出两条泥印。

若不是亲眼所见,胡兰是不知石居山原来是这样的一条好汉。不多久,村里人从敌人据点收回了石居山的尸体,石居山就这样被敌人活活打死了。

胡兰在这样的乱世中,认识了一个人生死的价值,从此改变了对石居山的看法,她决心向石居山那样,对抗日事业绝对忠诚。

硬骨头

1942年春天，云周西村发生了一件血腥事件，金香的妈妈由于被叛徒出卖，被敌人拷打，敌人放狼狗咬得她露出了骨头。这事给胡兰的印象很深。

那时，区农会秘书老韩藏在金香家，县政府的交通员阎正给老韩送过文件，在回去的路上被俘，敌人一阵拷打，他就说出了区农会秘书藏在金香家的事。那天敌人拉了一车鬼子，带着一只狼狗，捆着阎正就到村里找老韩来了。村长石五则通知了金香她妈，老韩也安全转移了，金香妈随后躲藏到了别人家里。敌人走到金香家院子，见没有人，就东搜西找折腾了一阵，结果从一堆没洗的衣服里挑出了一件小布衫，让狗闻了闻。狗就转身跑了，一直就把鬼子引到了刘玉成家院子里。金香妈恰好在那里，正与刘玉成的媳妇和邻居的几个妇女做针线活。狼狗进院子四处闻了闻，就一口咬住了金香妈的衣服。于是，敌人就开始审问她，要她说出老韩在哪里？金香妈说根本不认识老韩，敌人见她不承认，就拉出了叛徒阎正与她对质。叛徒阎正走到金香妈面前说："李薏芳你就说出来吧，事情已经瞒不住了。"

金香妈上前冲着叛徒，吐了口唾沫，大声说："你这个不要脸的疯狗，怎么见人就咬，我可根本不认识你呀！"

叛徒阎正急了："不要装蒜，我给老韩送了文件，还在你家吃过饭，骗谁？"

敌人见金香妈不肯招,就用棍子乱打一气,但她就是不吭声。

叛徒阎正走到她跟前说:“树旺嫂子,你就说了吧,要不然我活不成,你也活不成。”李薏芳见阎正一副软骨头样,轻蔑地看了一眼,说:“少说废话,我家就是没住过共产党的人。”

敌人有些不耐烦了,于是就放狗咬李薏芳,那狗凶恶的扑过去,咬得金香妈在炕上打滚,惨叫不止,鲜血染红了炕上的白床单,吓得其他几个人看都不敢看,但也不敢说什么。最后,狗咬得李薏芳的骨头都露出来了,但金香妈一口咬定根本没那么回事。拷打审问了半天,敌人看问不出个结果,后来就走了。

这事是胡兰从大街上听来的,心里又难过,又高兴,又焦急。于是她急急忙忙跑回家,显然家里人也知道这回事了。走到门口,胡兰听见大伯说:“李薏芳平日里看不出,关键时刻才见真心,是个硬骨头,好样的,是咱们云周西村人。”

奶奶一见胡兰就唠叨开了:“以前不让你去那地方,你还噘着个嘴不听话,今天看见了,血的教训啊!”

奶奶说这话,全家人都没有接话,其实家里人不同意奶奶的看法,但不好说罢了,只是各人心中有数。胡兰想吃过饭就去看一下李薏芳。

饭吃完,胡兰就往外走。奶奶问:“去做啥?”

“我看树旺嫂去。”

这下引起了奶奶不满:“人家躲着是非走,你偏往是非圈子里钻,我刚才说了那么多,你装聋?”

大伯说:“妈,平素你说胡兰去金香家不好,有情可原,今天李薏芳被狗咬得看见骨头啦,胡兰去看看,又哪点儿不对了,再说了胡兰和金香是好朋友。”

奶奶也许觉得大伯的话有道理,便缓了缓口气说:“看看就回来。”

胡兰跑着去了金香家,见李薏芳躺在炕上,炕上的白布单血迹斑斑,李薏芳嘴里还在不停的说着胡话:“我不知道,我什么也不知道。”

金香在一旁哭得像个泪人儿,胡兰抓着李薏芳的手,眼里含着泪,一句话也说不出来。

李薏芳哭了一阵渐渐入睡了，胡兰和其他几个人都劝金香不要哭，免得吵醒了李薏芳，于是，胡兰拉着金香就走出了门外。胡兰看到李薏芳伤势严重，就想得给李薏芳弄点好吃的补补身子才是。

所以，胡兰回到家，将自己拾麦子存下的钱拿出来去换了十个鸡蛋去了金香家。进门见李薏芳头上扎了绷带，胡兰一看知道医生来过了。

李薏芳看见胡兰很是高兴，说："胡兰，总算还能见到你。"她见胡兰手里提着鸡蛋，又忙说："拿鸡蛋做什么，我这里有。"

金香揭开一只篮子，里面有鸡蛋，还有点心，全是吃的。金香说都是抗日干部和邻居送的。李薏芳叫胡兰把鸡蛋拿回去，胡兰说："各人是各人的心意。"

正说着话，好几个邻居都来看李薏芳来了。大家问了问伤情，表达了敬意。

大家问李薏芳当时是如何挺住的，伤得这么严重，李薏芳苦苦一笑说："哪个都是爹妈生养的，谁不疼，当时我只是想，我就是吃了软骨头的亏，到我这里如果下了软蛋，那样会害多少人呀。我横下了一条心，就这条命赌上，在我这里卡住就完了，绝不让敌人知道更多的事。"

伤痛中的李薏芳说出这番话，让胡兰好感动。她心里不竟赞叹：树旺嫂真是个硬骨头，有志气。

动荡与牺牲

1942年，在敌强我弱的情况下，革命形势更加动荡。阎正被俘后，李薏芳被狗咬，接连又发生了好几件不幸的事。

首先是区长张有义牺牲。那天，张区长正在屋里核对公粮账簿，放哨的匆匆忙忙闯进屋里说："敌人来了！"。说着话就帮张区长藏匿账簿，之后，张区长正欲往外走，突然进来一个人，用枪顶着张区长的脑袋，冷笑着说："张区长，总算找到你了，请吧！"这时张区长一闪身，猛地向汉奸扑过去，一下撞倒那个汉奸，迅即从腰间掏出手枪，冲出了门外。哪知敌人在外也有布防，敌人见从屋里跑出人来，就开了枪，枪声响起，张区长应声倒下了，几个鬼子扑过去，将负伤的张区长抓起推到了门外。鬼子拦住了一辆老百姓拉麦子用的空车，要将张区拉往敌人据点。张区长平静地说："你们不要费心机了，要想从我身上找到抗日队伍的线索，那是枉费心机，你们现在枪毙我好了"。汉奸狡诈的笑了笑："你是人民的大区长，怎么能说死就死呢？你是人才，皇军要重用啊！"的确，敌人也知道一个区长掌握着抗日队伍很多情况，当然不会轻易处置。于是，几个鬼子走近张区长准备动手将他抬到车子上。这时张区长大声说："不用你们，我自己能动！"说着挣扎着站起来，趁敌人不备，一头重重地撞在大车轮子上，顿时，张区长头部鲜血直流，不省人事。敌人个个都被张区长大义凛然的举动吓呆了。等敌人回过神来，鬼子头走近张区长，用手探了探鼻息，已没气了。敌人气呼呼的骂了一阵，然后就大摇大摆走了。收拾起张区长的尸体，全村老百姓悲愤交加。

张区长的死如一个晴天霹雳，让当地抗日干部和老百姓难过极了，胡兰、金香和玉莲们都哭了。

就在张区长牺牲不久，村子里又传来噩耗：一二〇师民运工作队的指导员李贯三和他的通讯员，在汾河西工作时，由于汉奸告密，两人同时被捕，敌人进行了游街示众，结果两人边走边大声宣传抗日道理，痛骂汉奸，结果被敌人当街杀害，惨不忍睹。

更让胡兰悲痛的是，胡区长的两个通讯员的死。这让她看到了敌人的凶残，认识到了革命战士的无畏和勇敢。

胡区长不是云周西村一带的区长，但他经常要路过这一带，与当地党组织联系工作。那天，胡区长工作完了，当晚就和两个小通讯员住在了村北大院里。天快亮的时候，胡区长和两个通讯员就动身往外走了，这时发现敌人已把院子门给封上了。当时胡区长在小门口向街门口的敌人射击，一面督促两个小通讯员跳墙逃跑。但两个小通讯员坚持要胡区长先走，正在这时大门外的敌人向院子里冲过来，两个通讯员为了引开敌人，掩护区长脱险，他们一连向敌人扔了两颗手榴弹，然后就叫喊着冲了出去。这样就将敌人引开，使胡区长脱险了。

枪声和手榴弹的爆炸声，惊醒了刘胡兰，她穿衣起床，拔腿就往外跑。刚走到屋外，就听到“唔哩哇啦”的喊声。有人叫道：

“抓活的！”

“投降吧！”

胡兰听到鬼子的叫声，更加心慌，她想弄清楚是谁在和鬼子打仗。于是就走到了大门口，从门缝里往外张望：天灰蒙蒙的，有些看不清楚。她突然听见从北边传来一阵急促的脚步声，看见一前一后走着两个人。朦胧中，她看清了穿白布小褂的是武占魁，后面穿红兜肚的是王士信。她昨天与这两个通信员是见过面的，所以认得。他们边走边在大声喊叫：

“狗日的鬼子们，有本事，你们活捉老子。”

“老子在这里,别找错了目标!”

胡兰听到他俩大喊大叫,心里特着急:这那是打仗,这是不引火烧身吗?

这时,只见有几个敌人跟着两个通讯员后面向东街追过去了,胡兰急得直跺脚。胡兰想:为什么不分头跑?为什么还要故意逗引着敌人跑?为什么还要喊叫?这不是拿性命开玩笑吗?

正在着急的时候,胡兰的胳膊被人抓住了,她回头一看是爷爷。爷爷没好气地说:

“你不想活了,还不进屋去,小心奶奶捶你。”

一进屋,奶奶就数落开了。胡兰,一心想着两个小通讯员,奶奶说了半天一句也没听进耳朵里。

村子里,又响起了一阵枪声和手榴弹的爆炸声,过了一会儿,枪声停了。街上传来一片混乱的脚步声,日本鬼子“哇哇”的说话声,伪军粗鄙的叫骂声,乱成一团。正在一家人不知外面发生情况,大伯想出门看看时,听见石三槐在街上喊村里的人,随后叫了大伯,说是要赶快派人给“皇军”抬担架,大伯硬着头皮出去了。

胡兰听了要给敌人抬担架心里就有些高兴,她想肯定是鬼子被打伤了,才叫人抬担架。胡兰真想出门看个究竟,但奶奶盯着,她也不敢动。她想两个小通讯员肯定脱险了。但是,快吃早饭的时候,大伯从街上回来了,他说:敌人死了一个伪军,伤两个伪军和两个日本兵。接着他沉痛地说,两个通讯员也死了,一个死在村西头,一个死在了村东头。胡兰,听完大伯的话就哭了。因为,昨天,她找金香和玉莲的时候,还和两个小通信员一起说了话,现在他们的音容笑貌依然还在她脑海里浮现。但现在已物是人非了,所以胡兰伤心不已,哭得泪流满面。一家人在她的感染下,个个哭丧着脸,悲痛至极。

走到街上,人们三三两两都在小声议论着刚才发生的事,个个愁眉不展,像失去了亲人。虽然鬼子还在村里,但都掩饰不住内心的悲伤。胡兰随着人群走到了村边的堰渠埂上,那里早早围着一大群人,武占魁和王士信的尸体分别放在两张门板上。武占魁穿的白布衫上血痕斑斑,安静的样子一如昨天胡兰所见。王士信光着膀子,脸上被血染过,五官都让人分不清了,嘴里还咬着一根手榴弹的火线。这是胡兰第一次近距离的接触死人，但她一点儿也不害怕，觉得他们没死，她甚至相信他们还会活过来，耳边不时回响起他们昨天一块说话的声音，一切历历在目。

胡兰想起昨天，他们还自己在一块玩过，心里更加难过，忍不住眼泪掉下来了。周围好多人也在抹眼泪，有的人小声赞叹。这时村公所的人拿来了两床席子给两个小通讯员盖在身上。有人就问："为什么不弄两具棺材?"他们小声说："鬼子还在村里，不敢！要等晚上再说。"自己的同胞被敌人打死了，大白天都不敢埋藏，岂有此理！胡兰更加痛恨日本鬼子，她心里暗下决心，一定要为两个小通信员报仇。

胡兰再也不忍心看到两个死去的小通讯员遗体，于是哭泣着往家走。

走在半道上，胡兰碰上了世芳叔。她一见世芳叔，更加悲伤了，于是放声大哭起来，世芳扶着她，劝她说："人死不能复生，哭也没有用，要紧的是，我们要记住他们，学习他们的精神。"。

世芳说着也有些伤感，停了停又接着说："这些血债，我们要牢记，迟早我们要让鬼子偿还！抗日群众敌人是杀不尽的，我们要坚持斗争到底！"。

听了世芳叔的话，胡兰不哭了。革命同志的热血在她心里流淌，生命在她身上延续，她心中的怒火在燃烧，熊熊燃烧。

为民除奸

两个小通信员牺牲后，许多抗日干部都撤回到山上去了。敌人开始了第五期“强化治安”，统治更加残酷无情，手段更加阴险毒辣，老百姓的日子雪上加霜，一天比一天难过。

1943 年夏天，情况发生了变化。大批抗日干部来到了平川，与当地军民联合开展了“反蚕食”斗争，并惩治了几个罪大恶极的汉奸，重新在敌人的心脏地区建立了抗日根据地。

这年夏天麦收开始了，胡兰、金香和玉莲总在一块拾麦子，不受奶奶管束，整天东奔西跑。有一天，胡兰随着妈妈和妹妹爱兰一起拾麦子，不知不觉离村子越来越远了，快到了保贤村了。她们看见了一块麦地，也许是收割人粗心，地里丢的麦子头很多，于是，她娘仨就在这块地里专心致志的拾起来了。拾着拾着，胡兰突然听到自行车铃声，她抬头一抬，看到不远处一个人骑着一辆新车，从保贤村出来，头上顶着软草帽，戴着一副墨镜，穿的是绸缎衫，风一吹，衣角飘起，看上去十分潇洒体面，车上还吊着几包点心。这人哼着小曲，晃晃悠悠的骑车过来了。刘胡兰觉得眼熟，但想不起来。当这人经过身边时，突然衣角被风掀起，露出一支枪来。枪！一下让胡兰想起这人就是信贤据点的谍报组长刘子仁。去年就是他，带着鬼子到云周西村搜查过抗日干部，打过不少人。后来张区长牺牲也是他领着鬼子干的事。这个恶魔，欠了不少血债，老百姓们恨透了他。但这个狗东西很狡猾，知道自己干坏事太多，怕武工队收拾他，近半月连据点的门都不出了。有一次，他搜查八路，却带着大队人马，所以没有下手的机会。今天胡兰见刘子仁单独出门，觉得这是个好机会，但如何收拾这狗汉奸呢？胡兰想得找世芳叔他们才行。

想到这，胡兰把手中麦子丢在地上，拔腿就往村里跑，边跑边说："妈，我有点事，我回去一下。"胡兰妈还没闹清楚什么事，胡兰已跑出老远，只留下一个背影了。

可是，当胡兰跑得全身都湿透了，回到村，却不见一个村干部。这可把她急坏了，要是干部们出了村，错过了这个好机会那就完了。她着急的在村子里转悠，几个干部们常去的地方找遍了还是没找到一个人影。一个好机会，眼看就要错过了，胡兰有些灰心了，脚步也慢下来。就在这时，他碰上了收麦子回家的玉莲六哥，便着急地问："你二哥呢？"

玉莲六哥看出了胡兰肯定有情况报告，就走近小声问："是不是有情况？"

胡兰知道六哥平常在村里就打架斗殴，怕他靠不住，就含糊其辞的说："我奶奶找他有事。"

六哥说："大概他们在张大爷瓜地里。"

胡兰听后，一下就窜出老远，一气跑到了张大爷瓜地里。果然，陈照德、石世芳，还有区助理老王和武工队的几个同志都在。胡兰见没有外人，就将自己碰上刘子仁的事告诉了他们。

陈照德问："你看准了？"

"没错！"

石世芳说："刘子仁在保贤村有个相好的，这家伙肯定是去了那里，你们看，天色不早，他今晚一定不敢一个人回信贤村据点了，这可是个好机会呀！"

于是，大伙就在那里商量如何除掉这个坏蛋的事，将胡兰晾在了一边。等商量好了，才想起胡兰。于是金香家长工张大爷摘了两个瓜送给胡兰，并夸她说："胡兰子，你可为革命办了一件好事，将来会给你记一功。"

石世芳抢过话："胡兰子，事情没有成功，要保密，千万不要对别人说。”

胡兰抱着两个瓜高高兴兴回了家。回到家里，妈妈和爱兰问：“你不拾麦子，撒腿跑哪里去了？”

胡兰说：“我去张大爷家买瓜了，张大爷以前说过，瓜熟了他要请我吃瓜的，所以他就送了我两个。”这是胡兰第一次说谎，自己也觉得脸有些发烧。

“一个丫头家，怎么这么好吃，白吃人家东西怎么要得。”奶奶批评归批评，但见胡兰没有吃，知道把瓜拿回家全家人分享，是个懂事的孩子，气也消了，接着说：“明儿个，把钱给张大爷送去。”

胡兰妈切开了瓜，果真是好瓜，又甜又脆，一家人吃得很开心。

那天晚上，胡兰心里比瓜还甜。但是她整夜睡不好，晚上醒了好几次，她在猜想，到底刘子仁这个汉奸能不能给除掉。她心里有些着急，但为了保密，她一个字也没给家里人说。

第二天一大早，吃了饭胡兰就出门拾麦子，其实她是想出去打探消息。她找到了金香和玉莲，她见到玉莲就问：“你二哥呢？”

“睡觉，天亮才回来，不知夜里干什么去了？”

金香说：“不用说，去工作了，昨晚舅舅也出去了，天亮回来，喝了口水，又走了。”

胡兰心急地问：“他们没有说什么？”

两个人异口同声地说：“没有啊！”

胡兰从两个最要好有朋友那里都没打探到可靠消息，心里不快，悻悻的就走了。当她走到大街上，一群人围着一个外村卖杏的人在那里讲：昨天保贤村来了武工队惩罚了两个狗汉奸，一个刘子仁，还有一个王益龙。

听了这话，胡兰终于知道汉奸被除掉了，心里好高兴。但她对其他人只字不提。

这两个汉奸被除掉，给敌人一个警告。抗日干部们也总结出了一个经验，消灭这些汉奸敌人就少了耳目，抗日战争更好开展了。后来武工队又除掉了汉奸白瑞棠轰动了整个文水县，再后来连住在城里的大汉奸温培成也被枪决了。汉奸被除鼓舞了人民的斗志，打击了敌人的嚣张气焰。

神秘的张大爷

1944年,在抗日根据地的八路军领导群众进行了轰轰烈烈的“抗粮运动”。敌人催要粮食,村村呈报灾情,村村派人请愿,村村只缴一点儿坏粮食。敌人左一道公文,右一道命令,说不缴粮食要杀头,可是村村人心齐,只是求情说好话,就是不缴粮食。后来敌人开始派军队挨村挨户搜查,才弄到一点儿。在这年冬天,抗日政府组织了“反抢粮”运动,就是将敌人抢去的粮食再从敌人手里抢回来。县里成立了指挥部,各村成立了抢粮小组,目标是下曲据点里一百万斤粮库。刘胡兰第一次参加了这次大规模的战斗,经受了战火的考验和洗礼。

那是在一个寒冷的冬夜。地下人员先用酒灌醉了伪军中队长,早联络好的两个伪军班长放下了吊桥,使游击队包围了睡梦中的敌人。然后将一万多名群众,引入仓库,夺回了五十多万斤粮食,活捉敌人九十多个。不久,西社据点的粮食也在一夜之间被八路军反抢光了。敌人不知是哪些人干的,同时想弄出所抢粮食藏匿何处,就开始到处抓人。当时,为了转移敌人注意力,保护到手的粮食,八路军、游击队不论白天黑夜四处伏击敌人,打得鬼子晕头转向,不知如何是好。

八路军的大部队也开下了山,八路军和游击队在云周西村接连打了几个胜仗,这一带军民抗日情绪高涨,各种抗日团体更加活跃。

抗日干部们也敢公开露面了。

1945年9月2日，日本帝国主义宣布无条件投降。得知日本投降的那天下午，爷爷、奶奶带着胡兰在地里打掐棉花，他们看见大路上一些人边走边和地里忙农活儿的人说些什么，接着，地里的人像疯子一样，有的叫有的喊，不一会儿村里锣鼓喧天，胡兰一家人慌了，也不知是该躲藏到山里去，还是回村去。还是大伯不怕事，到别的地里一打听，说日本鬼子投降了。胡兰和爱兰高兴的又笑又闹，奶奶"嗵"的一声跪在地上，拍手叫好，嘴里不住念叨："谢天谢地，鬼子走了，我们可算有活路了。"爷爷仿佛返老还童，一个劲儿在那里手舞足蹈。

大家再也没心思干活儿，就收拾东西回家去。胡兰想，这是个大喜事，应该去通知张大爷，他一个人在山上的瓜地里，要是突然知道鬼子投降了，那该多高兴，那再也不用给人当长工，可以回家乡去了。

胡兰想到这些，拔腿就往张大爷瓜地里跑。边走边向地里的人传布鬼子投降的事。一会儿，胡兰到了瓜地，喊了几声，却没人答应。她细看，瓜棚里的被褥没有了，炉子里的火也熄灭了。胡兰四周瞭望了一下，见不远处的高粱地里有人锄草。她走近一看是世芳叔哥哥石世辉，心问：

"世辉叔，见张大爷没有?"

世辉停下手里的活儿，神秘地说："大概是给抓起来了，下午，我远远看见两个背枪的人，我也不敢上前去问，见他们押着张大爷走了。"

胡兰一听，惊得"啊"了一声，心想鬼子投降了，张大爷该过上好日子了，可是……

胡兰知道世辉叔也不清楚张大爷的下落，她就想回村里通知干部们。于是转身就跑开了。

没跑出几步，她又转身对世辉喊道："日本鬼子投降了!"她怕世辉不相信，又补充道："真的，日本投降了。"

胡兰一口气跑回了村。路过观音庙，正巧见三槐叔带着几个人，摘下了观音庙伪公所的牌子，三槐叔气冲冲的踩断牌子，骂道："狗日的日本人，这下你们完蛋了吧。"其他的人，也是也在骂日本鬼子的不是，一边在刷洗墙上的反动标语。

石三槐见了胡兰，兴冲冲地说："胡兰子，日本鬼子投降了，这下可有好日子过了！"

胡兰只是点头，不知说什么才好。胡兰一高兴捡起一块被三槐叔踩断的牌子，用力扔出老远。三槐叔说："让这些东西见鬼去吧！"

胡兰问三槐叔："据点那些敌人呢？"

"听说毛主席和朱总司令，叫他们赶快缴枪，不缴枪的收拾他们！"

几个人，你一言，我一语，说的开心极了。说笑了好一阵胡兰才想起张大爷被扣的事。她忙问："张大爷……"

话还没说完，石三槐高兴地说："他在庙里和陈区长、李六芳他们开会哩！"

怎么会与区长们开会呢？胡兰感到惊讶。说："三槐叔，是不是你记错了，我刚才听说他被两个背枪人从瓜地里押走了。"

"胡说，没那事。"三槐若有所悟道："哦，那两个背枪的人是通讯员，专去请老张开会的，胜利了，下一步工作怎么干，还要等他拿主意。"

石三槐的话，让胡兰越听越迷糊，一个长工怎么摇身一边成了抗日干部，这么大的局面还要他拿主意？胡兰觉得奇怪极了。

石三槐看出了胡兰的心思，忙解释道："你觉得奇怪是不是？你以为他真是长工，你以为他是个种瓜老头……"

胡兰看三槐叔卖关子，忙问："张大爷到底是什么人，难道他是抗日干部？"

"说对了！"

"他比陈区长的官还大，他是县里负责干部！"三槐见把胡兰说的愣头愣脑，就笑了。

"啊！"胡兰惊诧不已。接着问三槐叔，"那原来你知道他是大干部啊？"

"哪里，我也是今天刚知道的，当初也让我吃了一惊。"

胡兰想这个张大爷真了不起，为了革命能吃那么多苦，受那么多罪，她从打心眼里佩服。

胡兰觉得今天高兴的事太多了，她需要人分享。于是急忙往家跑。走在大街上,人们个个扬眉吐气,满脸堆笑,开心极了,整个村子像过年一样。

回到家里,奶奶在香烧,说是要祝贺胜利的到来。妈妈和大娘在东棚下做饭,看来是要做好吃的,远远地胡兰就闻到了油香。一会儿饭好了,边吃饭,大人们说着今后就有好日子过了,大伯说要辞了闾长,继续外出挣钱,爷爷说要买头牛,奶奶说要存下几大袋粮食。憧憬着未来,个个眉开眼笑。

胡兰不想那么多,她仍然在想:张大爷,这个老头是个了不起的老头,她还想见见张大爷。吃过饭,她就跑到庙上去看张大爷。这回奶奶也没唠叨什么,她心情更好了。

她到了庙上,张大爷们已开完会了,正在吃饭。她看见张大爷们的胡子全剃光了,个个精神百倍。胡兰没有走到张大爷跟前,她突然觉得现在的张大爷是县里大干部,不是过去的种瓜老头了,胡兰有些发懵,于是她远远地看着。这是张大爷见胡兰来了,热情招呼道:"胡兰子,吃饭没,没吃,过来吃饭!"听到张大爷这么亲切的话,胡兰就走过去,像见了多年没见的亲人,胡兰与张大爷又说又笑,又埋怨张大爷没早点告诉她是县里干部。

"张大爷,你这么大的干部,这些年怎么能吃那些苦?"

"没啥,革命需要,有的人为了革命牺牲了自己性命,我吃点苦算什么呀!再说革命是需要人吃苦的,不吃苦抗日能胜利吗?"

胡兰听了张大爷的话,暗暗下定决心,要向张大爷学习,要向死去的那些革命先烈学习。

烈火中成长

刘胡兰的成长，是经过了许多磨难和革命斗争的烈火锻炼。

刘胡兰的奶奶也经常给她和妹妹爱兰讲苦难的家史和村史，父亲刘景谦经常和乡亲们一起去根据地给八路军送粮食、布匹，他常对女儿说："答应下八路军的事，咱就是拼上命也要完成"。

在艰苦的日子里，平川坚持斗争的八路军日夜活动在青纱帐里，刘胡兰常随情报员为八路军送干粮，传情报。凭着她的机智和勇敢穿行在敌我之间，巧妙的躲开了敌人的一次又一次尾随和盘查，为八路军送去了可靠情报和斗争消息。

在那些混乱年代，由于阎锡山与日寇暗中相互勾结，达成了"互不侵犯"、"共同反共"默契。这样，日寇抽出大批兵力进犯我抗日根据地，同时在平川实行"强化治安"。云周西村风声鹤唳，日军、伪军、汉奸、狗腿子，经常到村里来清查户口，祸害老百姓。那时胡兰在家跟着奶奶学纺线，学做针线活儿。在那种烽火岁月，奶奶生怕孙女出事，天天领着胡兰烧香磕头，教她如何做个本分人，不愿让她去为共产党办事，胡兰很是不愿听，烦了胡兰就到村里金香、玉莲家串门，躲着奶奶。这在她的天性中种下了叛逆的种子。

革命低潮期，一切工作都转入地下进行着。面对风云突变的时局，胡兰以为抗日政权没有了，她心里很难过。后来她才知道那些抗日组织名义上没有了，实际上都转入了地下。以前抗日村长陈照德、农会秘书石世芳，明里在村里开了个杂货铺，暗地里却在做抗日工作。区县干部、武工队员常到村里来活动，金香家、玉莲家就是他们的落脚点。胡兰经常去金香和玉莲家，与抗日干部熟了，不仅听到了外面的抗日斗争形势，更重要的是懂得了更多的革命道理。

日月如梭，转眼到了1942年，刘胡兰十岁了。十岁在人生中是一个如诗如画的年龄，本应在父母的慈爱和亲情的呵护下尽享童趣。然而，时代却将重担放在了刘胡兰幼稚的肩上。这一年，刘胡兰当上了儿童团长，经常和小伙伴们站岗、放哨，掩护抗日干部。

1942年中共文水县敌后工作委员会成立了。有一天，工委李书记来到云周西村，传达党的指示，刘胡兰听了十分高兴，积极为落实党的政策出力办事，她常随武工队员到敌人据点撒传单、贴标语，对敌人展开政治攻势。就在这期间，中共文水县委委员张振晋同志，隐蔽在云周西村，秘密领导这一带的抗日工作，刘胡兰经常受到他们的帮助和教育。这年夏天，刘胡兰和敌工站的刘站长，趁敌人据点唱戏的机会，巧妙混进敌群，侦察敌人修筑的攻势和兵力布防情况，顺利完成任务。就是这样一位小小少女，成了特殊年代的目击者和证人，在艰苦的斗争中，许多优秀党员和革命战士为革命献出了自己的生命，他们英勇不屈、视死如归的英雄事迹使刘胡兰深受教育。党的教育，先烈的影响，使刘胡兰更加无畏地在斗争中锻炼成长。

1943年，日寇为了维护其日益残败的局面，到处烧杀掳抢，既抢粮又抓丁，党组织领导农民针锋相对，开展了抗粮斗争。有一天，敌人又来抢粮食，敌人问村里谁家有粮食，刘胡兰想起了破坏抗粮工作的地主，就机智地把敌人引向地主家，鬼子抢走了地主的粮食，保护了人民的利益，人们都夸刘胡兰有心计。5月，八路军伏击了偷袭云周西村的日本侵略军，在战斗中，刘胡兰和青年们主动上前线为八路军送弹药，救护伤员。八年抗战终于取得了胜利，1945年9月1日，八路军打下了文水县城。第二天，文水万余群众在县城集会，欢庆胜利，文水县人民掀起了拥军热潮。中秋节，刘胡兰和乡亲们一起慰问八路军。目睹反动派的血醒行为，聆听抗日英雄的悲壮故事，抗日干部们顽强斗争的精神，给了她深刻的启示和教育，养成了刘胡兰刚直不阿的性格，为她后来走上革命道路进行了人生重大奠基。刘胡兰像一颗幼松，迎着抗日的烽火茁壮成长起来，一步一步走到了革命队伍中。

偷着去学习班

日本投降后的这年秋天，云周西村迎来了一个平安丰收年，村民和革命同志无不欢声笑语，人们脸上一洗过去的阴霾，路出了阳光般的笑容。

秋天里，区妇联决定在贯家堡办一个学习班，专门培训妇女积极分子。刘胡兰背着奶奶和家人报了名。然而，就在她为此事暗暗高兴的时候，事情却发生了变化。

那天傍晚，胡兰从地里摘棉花回来，刚到家门口，看到了好友金香坐在那里等她。一见面，金香急不可耐地说："我要去学习了"。

胡兰高兴地说："没想到妇女训练班这么快就办起来了"。接着她问金香："都有哪些人去？"

金香说："张月英、阎芳珍、李明光，可怎么没有你，也没有玉莲？"

胡兰听了，心想：怎么会？她们三个是一块报的名，为什么只有金香没有她俩呢？要说嫌年龄小，可金香还比她小一岁；要说条件不够，她们三个是从小一块长大的好朋友。日伪统治时期，她们三个经常一起暗地里给抗日干部们站岗放哨，传递消息，没有干什么不好的事呀？要说文化低，自己还上了小学二年级，后来母亲还教了她不少字，识字比金香还多呀？可为什么就没了她呢？

一个个问号在胡兰心里凝成了结。

想到这里，她急切地问金香："区里妇联干部吕梅还在村里吗？"

“快回贯家堡了，现在还没走，所以我才急着来找你。”金香一脸无奈。

胡兰匆匆忙忙将一筐棉花送回家里，转身就拉着金香的手一起去找吕梅。来到吕梅住处，她正在向自行车的后架上捆绑背包，行色匆匆。吕梅是个二十多岁的区妇联干部，长着一双会说话的大眼睛，身体健壮结实，工作风风火火，泼辣干练。她边捆着行李，边和陈玉莲说着话。看到胡兰来了，笑笑说：

“嗬，又来了一个要求去学习的！”

玉莲也是来找吕梅要去学习的。她知道胡兰也没获准去学习，所以见胡兰她有些打抱不平地说：“我是落后分子，不够格，可胡兰够条件该去呀，为什么没有她？”

吕梅见两个人着急的样子，也不好再隐瞒什么，只好实话实说了：“老实说，本来名单里有你俩，可上午村干部们研究的时候，都说你们家里人不会让你们去，所以给取消了……”

玉莲嘴快，没等吕梅说完，就打断说：“只要干部们定了，哪家还敢不同意？”

吕梅道：“这是去学习，又不是派差，不能搞强迫命令。”

刘胡兰倒不关心家里会不会让去，她只想够不够条件，她问吕梅：“我们俩参加学习班究竟符合条件不？”

“当然够！”吕梅肯定的回答，吕梅看她俩决心已定，也不想多说别的，就说：“你们先回家跟家里人商量商量，只要家里不反对，你们就来。后天报到，大后天就开课。”她说她要回贯家堡，不能再耽搁了。

吕梅一溜车，两脚离了地，急急地要走。走出不远，她转过头说：“只要你们家里人同意，你们就是迟来两天，也可以。这样行了吧！”

玉莲一听这话可高兴了，她自言自语说：“我是非去不可，家里人谁不同意也不行！”

胡兰说：“你妈刚死，你爹又有病，你能走得开？”

玉莲着急，生怕别人不让她去似的，说：“我爹让我二嫂照顾就行了，不就是端饭倒水的事，我二嫂能着呢！他们要是不让我去，我就去找二哥，他整天在外边闹革命，就不让我去革命呀？”说完就回家去了。

玉莲的二哥是陈照德，也就是现任区长。

胡兰想，回家去也没用，奶奶肯定不让自己去。于是她去找了金香商量。巧在一个胡同里找到了金香，胡兰把吕梅同志的意见说了一遍。

金香说："我看你还是得先回家找奶奶商量，她不让你去你准去不了，再说学习又不是强迫的"。

胡兰只是叹了口气，没有回答。

金香看着胡兰为难的样子又说："要不你先回家，打通你爹和你大爷（山西人称大伯为大爷）的思想，叫他们再去劝你奶奶，看行不行？"

刘胡兰还是没说话，又长长地叹了口气。

金香见胡兰不说话，心里急了，便问："那你打算怎么办？不去学习了？"

胡兰说："等我好好想想再说吧。"说完两人各自回家。

胡兰回家后，只字也没提学习这回事，只是一个人苦苦想办法。她清楚，这件事和家里谁说了也是白费唾沫，只有奶奶点了头才算数。可奶奶是万万不会让她去学习的。平时奶奶管她特严，最不愿意她和女八路、女工作人员们接触，怕她混在此一起学"野"了，担心她去跟人干革命。要是知道她去贯家堡去学习，那不吵翻了天。看来这条道是走不通了。

刘胡兰要给自己做主才行。她这些年，经常参加村里的一些活动，虽然没主过什么大事，但她特羡慕那些女八路、女工作人员，经常想自己快快长大，好成为她们中的一员。眼下人也长大了，又有这么好的一个学习机会，机不可失呀。想到这些，她更坚定了信心，她自己绝不放过这次学习的机会。于她是她拿定主意，先去学习，让生米煮成熟饭。完了让奶奶骂一顿，就是打一顿也值。刘胡兰去意已定，心里觉得踏实多了。

毕竟是个没有出过远门的孩子，想到要离开家人，心里有些不舍，晚上翻来覆去的睡不着。第二天一大早，刘胡兰起了床，先给奶奶倒了尿盆，然后打扫院子。想到奶奶，她又把多时未用的织布机都揩了个干干净净。因为秋收之后奶奶就要用织布机了。吃了早饭，奶奶跟后妈在腌酸菜，她就动手洗换下了的脏衣服，完了又为大伯洗了那双又脏兮兮的臭袜子，还帮妹妹爱兰洗了旧鞋。总之，她想把家里要干的活儿干完一样，心里觉得这样才对得起家里人。尽管黄土高原上的秋天，天气凉爽极了，但胡兰还是累得满头大汗。

奶奶见她累得一头是汗，心疼地说："歇歇，歇歇，别累着了。"

胡兰听到奶奶讲话，生怕奶奶发现了什么异常，慌忙接过话："趁今天太阳好，洗了就算了。"奶奶听她这么说，直夸她长大了懂事啦。

一天里胡兰手上忙忙碌碌干了不少活儿，心里一直寻思着如何去学习班的事。

傍晚，妹妹爱兰放学了，她拉着妹妹坐在大门口，边检查她的功课，边告诉她以后要听奶奶的话，多帮家里人干活儿。爱兰是胡兰一手带大的，她最舍不得离开的是妹妹。

胡兰不知道其他几个人什么时候动身去贯家堡，她想出去打听一下消息，又怕家里人起了疑心，所以她时不时就向大街斜对面金香家门口瞥一眼，看金香家有没有动静。说曹操，曹操就到。这时金香哼着歌儿从大街上走进了小巷。见金香回来，她忙支走妹妹爱兰，给金香打了个手势，便走到门口，打听消息。

一见胡兰，金香兴冲冲地说：她们几个约好明天吃了早饭就去贯家堡，说玉莲也一块去。胡兰心里一下有数了。金香问她："你怎么办?"

胡兰笑了笑，淡淡地说："你们只管走吧，我的事就不用你们操心了。"

金香问："你到底去还是不去？看你！"金香见胡兰不肯说出具体办法，有些生气了。于是自个走了。

第二天早上，胡兰爹从饭场回来，说：他看见到村里几个女孩子背着行李到贯家堡上学去了。

奶奶随口便说："姑娘家不在家好好过日子，疯甚?"

胡兰听到金香她们走了心里很着急，但她知道不能让奶奶看出破绽，于是忙帮着奶奶洗锅刷碗，老在奶奶身边晃过去晃过来的，一点不动声色。忙完家里活儿，然后她才不紧不慢走出家门，奶奶还以为她下地摘棉花了。

出得门来，胡兰没有去村东口，而是选择了村北走去，她知道去贯家堡要走村东，但她怕碰上了熟人，更怕奶奶知道了。走出村子，胡兰三步并着两步走，能抄近道就走近路，见了地塄就走地塄，走了两个多小时，终于走上了通往贯家堡的大道，不一会儿，她追上了金香她们。她见其中没有玉莲，同伴告诉她说半路上玉莲被她二舅追上来，纠缠了半天，最后硬是把玉莲给拉回去了。

姐妹们看到胡兰来了，开心得话说个没完没了，像一群放飞的小鸟，特别热闹。

“咦，胡兰你是不是偷着跑出来的，连行李都没带?”村里妇女主任张月英突然来了一句。大家齐刷刷的目光落在了胡兰的身上，这才发现胡兰什么也没带。她忙辩解道：“怎么算是偷跑的，我会写信告诉家里人的”。

家里人哪能等到胡兰写信。吃中午饭的时候，不见胡兰，问谁谁都不知道她去了哪里。奶奶问爱兰看见有人找胡兰没有，爱兰说没有，她说只是昨天傍晚姐姐和金香说过话，这么一说，提醒了奶奶，奶奶就怀疑胡兰跟着金香他们走了，于是，她赶紧去了金香家打问。进了金香家，只有金香妈李薏芳在，说没见过胡兰跟金香她们走，两个人又对了对孩子们走的时辰，奶奶想起金香走那时，胡兰还在家。金香妈还说，肯定胡兰不会去，因为她听金香讲，胡兰报了名，但组织上没有通过。再说她今天早上送金香门出门，也没见胡兰。李薏芳还说：“奶奶，听说陈玉莲是她二舅从半路上截回来的，你去问问他们吧。”奶奶又去了陈玉莲家，见了陈玉莲二舅，可说那群孩子中也没有刘胡兰。

这里也没有，那里也没去，那么胡兰到底哪里去了？奶奶这时着急了，唠叨着说：“好孙女，你要去哪里明说就是，这真要急死奶奶了。”找不着胡兰，奶奶如坐针毡，她叫全家人挨家挨户的问，全家老小都出门找胡兰去了。

直到半下午时，大伯打听到了有关胡兰的可靠消息，说是胡兰到妇女训练班去了，消息的来源是听去贯家堡送公粮的人亲口说的，那些人看见胡兰了。一听这话，奶奶由着急变成了生气，坐在院子里又哭又骂:“好个没良心的胡兰子呀！走也不言语一声,扔下奶奶就去当八路军了！这还了得了,翅膀硬了管不了她了,我今天非得把你拉回来不行！看你咋的。”奶奶立即逼着胡兰爹用小车推着要去贯家堡。

看到老妈硬是要去,大伯刘广谦忙劝阻说:“妈,你贸然去可不合适。还是我先去看看究竟是咋回事再说吧”

胡兰大伯借了辆自行车骑上就去了贯家堡。傍晚才回来,他对奶奶说胡兰住的就是妇女训练班,主要是学习。最多个把月就回来了。因为怕家里人不让去,所以事先没跟咱们说。

奶奶听了大伯一番述说,知道胡兰没出现什么意外,倒是不哭不闹了,可是还是口口声声要把胡兰给弄回家来。此时此刻,此情此景,大家谁也没了好主意。胡兰大伯说:“胡兰已长大成人了,有自己的想法有自己的主意,她既然打定主意去了,你就是把她给捆绑回来,她的心还在那里,有什么用？再说了,公家要是批评你去捣乱,说你落后,你老脸往哪搁呢？学习也不是白瞎人,那是让孩子长见识,有什么不好?”

大伯几句话,很是在理。奶奶听了大儿子的话之后,火气小了,可仍然嘴上不停地唠叨,先是骂胡兰不懂得尊重她,接着数落妹妹爱兰没有看住胡兰,嫌她在金香来找胡兰时,爱兰没给她说一声。骂了半天谁也没理睬她,最后就抱怨胡兰继母胡文秀:“不是亲生的,你一点也不操心,胡兰还是叫你妈呢,你什么都不管她,要是冻死了,饿死了,你倒是不心疼?!”

胡文秀知道这是奶奶心疼孙女说的气话,忙说:“妈,就算我不对,可我也不知道她要走啊,你不要生气了,伤身体。”

当晚,一家人草草地吃了顿饭,再不提起胡兰偷着去学习班的事。

第二天一早,胡兰妈为胡兰收拾了行李和衣物交给胡兰爹给胡兰送去。

可是,刘胡兰来训练班不多久,村里的地主婆二寡妇造谣说,听说胡兰一去就穿上了八路军装,过两天就要和男人们一块去打仗,可不得了了,枪炮子是没长眼的啊。这样一来,胡兰的奶奶就逼着儿子推着独轮车去找胡兰了。

听说胡兰奶奶来了，吕梅一边叫人去找刘胡兰，一边给老奶奶倒水，还张罗着做饭，老奶奶不见孙女，不喝也不吃。胡兰听说奶奶来了，就躲藏在房东大嫂的东屋里，说什么也不去见奶奶，她对吕梅说："梅姐，你知道奶奶从小最疼我，平常我听她的话，这回说什么我也不去见奶奶，别的事好说，参加革命是件大事，说什么我也不依。奶奶思想不开通，总希望我不要离开家，可是，抗日我们吃了多少亏，遭了多少罪，干革命就要下决心。"吕梅被胡兰的话感动了，答应去做奶奶的思想工作，吕梅陪着奶奶和胡兰爹一边吃饭，一边作解释、讲道理。当奶奶知道刘胡兰学习完还要回村里工作，才知道要上前线是胡编的瞎话，奶奶也放心了。做通奶奶的思想工作之后，胡兰见了奶奶。吕梅还带着奶奶看了姑娘们训练的情况，奶奶看到孩子高高兴兴的样子，心里的石头落地了。临走，奶奶对吕梅说："梅子，这回我放心了，胡兰子就托付给你们了。"

先斩后奏的方法真灵，就这样胡兰在妇女训练班里待住了。

学习的收获

40天很快过去了。胡兰在妇女训练班里虽然年纪小,但学习很刻苦,还当上了小组长。学习完了,训练班开了总结会,其他人都解散回到各自的村里,胡兰因为要写总结,当天就没回家。第二天,她做完了训练班分配的事,便与吕梅道别回家去了。

走的时候,吕梅送胡兰出门,问胡兰:“你是偷着来学习班的,虽然你奶奶上次来了见面没骂你,可那是因为有我们在,这次回去后奶奶会不会打骂你?”

胡兰笑笑说:“奶奶就是喜欢给我灌输她那套做人的道理,但从来没有打过我,骂我几句有可能,没事,我做好了精神准备,骂就骂吧,我已学习完了,没关系的!”

吕梅点点头:“看来你是摸透了奶奶的脾气,那就好,回去了,也代我向奶奶问好。”

于是,两个人挥手告别,胡兰走远了,吕梅还在大声嘱咐路上要小心。这样,两个人就分手了。

毕竟胡兰还是个大孩子,加之从小没有离开过爷爷奶奶,虽然离开家才四十天,可她还是想家。一路上她加快脚步,走的飞快,恨不得能长出翅膀飞回去。走出贯家堡,她忍不住又回头望了望,小村在她的视线中已成一个点了,边走胡兰一边回忆她与学员们在一起生活的那些情景,像一幅幅画一样在她脑海闪过。她非常高兴,觉得贯家堡是自己生活的一个新起点，在这里她学到了不少革命道理，她就要从这个点上迈出新的步伐了。

一路走就这样一路回想，不知不觉几十里路程就快走完了，很快她就看见了云周西村。这时，突然背后有人叫她的名字，她停下脚夫步，回过头，哦，原来是石世芳。她高兴地叫道：

“世芳叔，是你呀。你去哪里啦？”

石世芳是云周西村人，现任区委组织部部长，经常要去其他村工作。

石世芳说他在胡家堡下乡，天气冷了回家拿几件换洗的衣服。石世芳看到胡兰笑容可掬的样子，便问她：“学习结束了？怎么样，有收获吧？”

“有收获，收获可大了！”胡兰笑着说，“以前我是个糊涂虫，什么革命道理不懂，只知道打鬼子就是干革命，连八路军共产党都分不清，只当参加工作就是八路军，就成了共产党的人，以前我觉得自己就是共产党了。”

石世芳故意考一下胡兰：“那你说共产党是怎么回事？”

“共产党就是无产阶级的先锋队……由工人阶级组成……”胡兰停了停，想了想，红着脸接着说：“唉，原话我说不来，但我知道是思想最先进，革命最彻底，最不怕死的那些人。共产党要领导咱们打倒封建、打倒剥削，推翻人民头上的三座大山……”

石世芳说：“有进步，学的蛮好！”

胡兰得到世芳叔夸奖，又兴奋地给他讲起学习班里的事，还说听了李县长、唐书记给她们讲过课。特别是学习了毛主席两篇文章《中国革命和中国共产党》和《怎样分析农村阶级》，胡兰说这两篇文章对她教育很大，使她明确当前的形势和今后的任务。

说完胡兰叹气道：“可惜学习时间太短了，要是长些就更能学到东西。”

世芳叔说：“还有好多工作要人去做，再说学习了还需要锻炼，这样提高才快，学习和实践结合才是最好的学习。”

“对，对，吕梅同志也是这么讲的！”

接着胡兰说，她们在学习毛主席两篇文章的时候，就请了贯家堡农会主席讲了村里恶霸地主压迫农民的事，这样将毛主席的理论与眼前村里的斗争形势结合起来说，我们一听就明白了，更加理解了毛主席这两篇文章的意义。

话题说到这里，胡兰显得更加激动，她说："看来，要想打倒吃人的旧社会，非革命不可，不管遇到多大困难，也要坚持到底！"

"对，太对了，你学得真好。"石世芳连连点头说。

石世芳打心眼为胡兰高兴。前几天区里开会，会上吕梅在汇报妇女训练班的情况时，就提到了刘胡兰，说胡兰学习特别用工，干什么事都能带头去做，革命热情很高，是个难得的好苗子，要求今后要好好培养。今天听了胡兰与自己的谈话，石世芳心想：真是棵好苗子，是该好好培养她，让她成为革命的有用之才。

两个人有说有笑，不知不觉就进了村，话别后，石世芳和胡兰两个人各自朝家的方向走去。这时，学校学生放学了，满街"叽叽喳喳"的叫着，街上人来人往，忙着自己的事，人们脸上洋溢着笑容，云周西村充满了抗战胜利的喜悦与祥和。

回到家，胡兰就直奔奶奶住的北屋，未进门就高声喊："奶奶，奶奶！"进了门，奶奶见胡兰回家了，便停下手中的活儿，"哦"了一声，没等胡兰说什么，奶奶面带愠色道："还知道回来，还想得起家，我看心里是没我这个奶奶了！"

奶奶虽然这么说，但胡兰回来了，还是有一种掩饰不住的兴奋和喜悦，口气亲切而温厚，满脸堆着笑，眼睛稍显湿润，而别具神采。

胡兰见奶奶高兴，就随便从笼屉取出了一个窝窝头啃了起来。奶奶见胡兰没吃饭，心疼地说："你看出去疯，饭也没吃饱过吧，慢点吃。"奶奶又叫胡兰妈妈去给做点白面，胡兰给拦住了。胡兰吃了两个窝窝头，又与奶奶、妈妈和大娘拉了一会儿家常就出门找金香和玉莲了。

打抱不平

胡兰找玉莲不在，她就去了金香家。才走到金香家院门口，就听到金香爹刘树旺在骂人："我看你学习几天，长本事了，你他妈的还敢跟老子顶嘴，小心我揍你?"

"你不要那么凶，现在日本鬼子都投降了，妇女解放了，我和娘再也不受你的气了！"金香理直气壮地说道。

刘树旺有些恼怒，说："妈的，我看你是不想活了，我供你吃供你穿，把你养大，你现在敢骑到老子头上拉屎了，我跟你说，还嫩点儿！"

"你来打呀，你来打呀，就是不怕你！"金香气愤地说。

金香她妈李薏芳，死了前夫，守寡几年，孤儿寡母迫于生活，后来才改嫁给刘树旺的，并将金香带到了刘树旺家。刘树旺是当地有名的痞子，喜欢赌博，交往人员混杂，他过去与日伪军有交往，但也帮抗日干部办事，抗日干部住他家时也没出卖过谁，不过村里人看不惯他，落了个不好的名声。

胡兰在门外听见刘树旺说："就要打你怎么的。"

胡兰在外听得一清二楚，她怕刘树旺真的要打金香，忙推门走进了金香家。金香见胡兰来了，胆更大了，她提高嗓门儿对刘树旺说："我们母女不是你的牛马，不是你奴隶，从前，你想打就打想骂就骂，现在有了共产党就是不行。"

"好大口气，真他妈不知天高地厚，你以为共产党就是为你娘俩办事是吗？你再敢嘴硬，看老子敢不敢揍你？”

胡兰听了刘树旺的话，也非常生气，但想到毕竟是家事，所以想先劝劝：“树旺叔，金香她是你女儿，有什么不好，也好好说呀，又不是外人。”

“哦，我家的事，管你屁事？你管得太宽了吧。”

金香在一边说：“你打！你打！敢动我们一指头都不行，共产党的天下，有说理的地方。”

“妇女也是人，你今天再敢打金香，我们就要去告你。”胡兰愤愤不平地说。

刘树旺满脸通红，他看情况不妙，提着烟袋就悻悻地出门去了，边走边说：“哼，打你，我还怕脏了我的手。”刘树旺已走出大门外，嘴里还在嘟嘟囔囔地说什么，但胡兰和金香没听清。大家也没再理他。

这时胡兰才仔细问金香，到底怎么了。金香带着胡兰走到了上房，胡兰见满地的碎碗片，金香指着炕头洒着的一摊稀饭说：“你看，就因为他起床迟了，饭锅煨在火上，时间一长稀饭熬稠了，他起床，我妈赶忙给盛了一碗，她嫌稠，‘啪’的一声就把碗给摔了，挽起袖子就要打妈，我就和他吵开了。”

“唉，他走了，你就不要再说了，把他惹急了，气就够我们娘俩受了。”金香妈唉怨地说着，一脸的无可奈何。

金香听了妈的话，气呼呼地说：“你还怕他，你的思想不解放！”

胡兰劝金香不要怪妈妈，又鼓动李薏芳不要怕刘树旺。

其实，金香平时很怕刘树旺，以前见刘树旺发脾气，她就躲到一边，大气也不敢出，吓怕了，就偷偷抹眼泪。现在通过妇女训练班的学习，她腰直了，气粗了。敢和刘树旺讲理了，胡兰为金香深感高兴。于是她夸了金香几句，又对李薏芳说：“他那号人就那德性，吃柿子，专挑软的吃，你们就是不要怕他，要是再欺负你们，告他去，会有人管他。”

胡兰安慰了李薏芳和金香娘俩一阵。给了金香娘很大鼓舞，李薏芳说：“你们学习了就是不一样，懂得了不少道理。”

三个人又拉了一会儿家常。胡兰便拉着金香，说去找学习班那几个女孩子，一块准备去村干部那里汇报学习情况。

头发的风波

胡兰汇报完训练班的学习情况，村干部们表扬了她进步大，胡兰很是高兴。她在回家的路上连蹦带跳的，就往家里走去。

回到家，奶奶见胡兰把头发剪断了，走到胡兰身边，生气地用手弄了弄她的头发，惊叹道："啊，我先前没看见，你把头发剪了？"这下可气坏了奶奶。

原来，胡兰刚回家时，奶奶见了她只顾高兴，就没有注意到她的头发，现在发现了。胡兰虽然觉得这会惹奶奶生气了，但她还是大着胆子说：

"奶奶，头发剪短，是为了方便，你看人家吕梅不也是短发吗？"

"看你，跟什么人就学什么人，你看你把头发弄得男不男女不女的，疯什么！"

"哪是疯，这样工作起来方便，也卫生。"

"胡说，男女不分，看谁还敢要你，将来连婆家都不好找！"

"说什么呀，再说头发还能长出来。"

"你就学坏吧，我老了，也管不了你了。"

"奶奶，这哪是学坏，八路军里的女战士都是这样的短发，你能说她们坏吗？"

奶奶生气道："张嘴八路，闭嘴八路，我看你们是喝了八路军的迷魂汤。"也许是奶奶想起大伯也给公家干事，接着说："刚从交城回来，就说不沾公家的事，后来鬼迷心窍当闾长，整天为了八路干，日本鬼子打败了，又说还要打败阎锡山，心中只有八路军的事，家里什么也不顾。”

奶奶不为自己的头发纠缠了，说起大伯来，胡兰很高兴。但胡兰觉得奶奶不应该说大伯，大伯当闾长也是为八路军干事。令胡兰高兴的是，大伯过去不是这样，他以前不懂得革命道理，也没打算要革命，对国民党、共产党都无所谓，可是在交城，他看到了鬼子烧杀掠抢，坏事干绝，使他给人家当伙计，打短工，挣辛苦钱的机会都失去了，实际的斗争使大伯才认清了谁是朋友，谁是敌人，也使大伯一步一步走上了革命道路。

奶奶一会儿抱怨大伯，一会儿又怨世事。大娘、妈妈、胡兰和妹妹爱兰也只好听着奶奶一个人在那里自个唠叨，谁也不搭腔。

“日本鬼子打败了，可现在自己人又打开自己人了，为啥？一打仗，老百姓就跟着遭殃。”

胡兰听奶奶说些不明不白的话，忙接过话茬儿，说：“奶奶，怎么能叫自己人打自己人呢？”

“不是吗，打过去打过来，不就是为了争当皇帝吗？”奶奶糊里糊涂地说。

“奶奶，阎锡山不是自己人，他也是敌人！”胡兰想了想又说，“你说是谁打败了日本鬼子，是八路军还是阎锡山？”

“那还用说，我又不是瞎了眼？”

“对呀，是八路军。抗日战争时期阎锡山保存自己实力，躲在晋东南，与日本鬼子勾结，要消灭共产党。抗日战争胜利，就出来抢胜利果实，想继续骑在人民头上作威作福，当然要消灭他，我们才能过上太平日子……”

胡兰讲得有板有眼，家里人听得津津有味。

妈妈说：“看不出胡兰，学习了四十天，懂得了这么多革命道理。”

奶奶看了看胡兰，又说起了胡兰的头发问题：“你剪断了头发，也是想学女八路那样充军打仗吗？”

胡兰说：“也许可能打仗，也许为革命做其他工作，只要是革命的，我就要干！”

奶奶听了，有些无奈，说:“剪吧，我这老婆子也管不了你。”

妈妈怕奶奶为胡兰的头发再生气，就把话题岔开，说:“今天，胡兰刚从外面回来，我们准备做点好吃的，一块吃顿好的。”

奶奶还是心疼胡兰，想到她四十多天没吃好饭，就叫胡兰妈和大娘和白面，做面条。

大家一忙活，奶奶就忘记了头发的事，一场风波才算平息。

职务和任务

胡兰从妇女训练班回到云周西村的第三天,区委研究决定让她代理村里妇联秘书。那天下午,胡兰在家纺线,石三槐跑到家里找她去村公所开会,说吕梅同志来了。胡兰一听吕梅也来了,格外高兴,她心中很佩服吕梅的才能,虽然从贯家堡回村才几天,可还是想见到吕梅。她跟着三槐叔小跑到了观音庙,当她走进办公室时,看到金香、玉莲和农会秘书石五则都在,他们几个正谈论着什么,一见她进来了,大家都不说了。吕梅笑着说:"快坐下,我们正说你哩!"

胡兰没想到是要她当秘书,还以为自己哪点做的不对,她看了看金香和玉莲用一种异样的目光看着她,她有些丈二和尚摸不着头脑。她坐在凳子上,两只手不停地互相搓动,不安地轻声问吕梅:"我怎么啦?"

"要给你个职务,也是给你的任务,看你能不能接受!"

"职务不要紧,任务只要我力所能及,我就一定接受。"胡兰信心十足地说。

吕梅看到胡兰痛痛快快的样子,就说:"那就好。现在村里妇女工作没人负责,李明光调区上去了,张月英怀着孩子,又害病,这你都清楚。区委根据你学习的表现及你对革命工作的热情,又与村干部们研究决定,先让你代理妇联秘书……"

"我?!"胡兰吃惊地站了起来。她真没想到学习刚回家就要给她这个职务。她担心地说:“可是我干不了呀,我又没经验?”

“你说谁能干?谁有经验?经验是从工作中得来的,不会可慢慢学。抗战胜利了,妇女工作更要加强,上级想利用冬闲组织大家学习,办起冬学,提高妇女们的文化和思想水平,这是多么重要的工作。”吕梅停了停对胡兰说:“你领头,让金香和玉莲帮你,怎么样?”

吕梅一席话,使胡兰的眼前亮堂起来。她觉得吕梅的话很有道理,妇女工作很重要,妇女同志不能一盘散沙,要组织起来才有力量。这份工作任务艰巨,担子重,困难多,但再大的困难总得人干,我不干,他不干,谁干呢?再说了上级干部让干,这是对自己的信任,怎么好不承担。胡兰脑子里斗争了一阵,见吕梅在等她回话,就点了点头。

“这才是好样的,不愧是妇女训练班出来的人!”吕梅高兴地说。

胡兰解释说:“我不是不想干,是怕把工作搞坏了!”

“不会的,还有村干部,还有区里干部支持,你大胆干,会干好的。”吕梅对胡兰充满信心地说。

吕梅见胡兰答应了,回头又对金香和玉莲说:“怎么样?你们同意吗?”

“只要胡兰带头,我们没有意见!”金香和玉莲异口同声地说。

农会秘书石五则对胡兰三人鼓气说:“大胆干,不要有畏难情绪,不要怕,大叔给你们撑腰,有困难找我。”

吕梅告诉胡兰三人,叫他们有事一定要找村干部研究,工作中要多与群众接触,听取各方面的意建和建议。她说:“目前要做的工作很多,首先要整顿妇女组织,尽快把冬学办起来,利用冬学对妇女同志们进行革命教育,解放思想,配合搞好其他工作,充分发挥妇女组织作用。”

吕梅讲完,接着又研究部署了下一步工作。最后决定第二天就召开全村妇女大会,会上宣布胡兰代理妇联秘书的事,并要求刘胡兰在会上作冬学动员讲话,做好发动工作,尽快把冬学办起来。吕梅说因为区里有要紧的事等她处理,她不能参加明天的大会,把开会的事交给石五则主持。然后,就骑车离开了云周西村。

第二天吃过早饭,村公所的人就敲锣召集妇女们开会。胡兰听见敲锣声,想到自己要走上主席台讲话,不由得心里有些紧张。她把昨天晚上自己琢磨半夜写下的讲话提纲装在衣袋里，慌慌忙忙跑到了村公所。

从前村里从来没有开过妇女大会，有事也是三五成群开个小会议论一下。今天是全村头一次开大会，对别人说来是大姑娘坐轿头一回，对胡兰自己而言也是第一次，大家根本没有开会的习惯。所以村公所的人绕村敲了两三遍锣，喊了这个叫那个，才稀稀拉拉的来了十多个人。又等了半天，会场上人来的多了，黑压压一片。有的席地而坐，有的带着小马扎，有的搬块石头垫着屁股，有的干脆站在那里，杂七杂八聚集在一起，不像会场。

说是开大会，也没有个主席台。看人到的差不多了，石五则就走上高处的石台阶上，边大声嚷，边用手比划，才算安静下来。

石五则大声宣布："根据上级精神和村干部研究，区委决定我们云周西村妇联秘书暂时由刘胡兰同志代理，金香和玉莲协助工作。现在咱们请刘胡兰同志讲话。"

石五则边说边将刘胡兰和金香、玉莲都拉到了台阶上，站在了高处。说完，石五则带头拍了几下巴掌，表示欢迎。但是，人们没有鼓掌的习惯，加上会场上抱小孩子的，手里做针线活的人多，腾不开手。所以只有几个年轻妇女拍了几下，懒懒散散的样子，一点儿没激情。掌声不响不要紧，会场上又有人嚷嚷开了。

"呀！这不是刘景谦家闺女吗？长这么大啦？"

"模样长得真俊，谁摊上这女子，那真是个好媳妇。"

有人跟着一议论，嚷嚷声更大，有人说胡兰头整得和八路军一样，有的说三个黄毛丫头干不成事，总之议论声是此起彼伏。

在胡兰看到一院子人望着她，还指指划划议论她时，她的心就慌了，把昨天晚上费神想的那些话全忘了，越是着急越是想不起来，半天了一句也没讲出来。人们看她这个样子，吵嚷声更大了。突然有人半开玩笑地说："胡兰子，你唱歌唱的不错，干脆给大家唱一个吧。"

话音未落，会场上哄堂大笑。会场一乱，胡兰脸红了，头上冒出汗珠。她真想跑下台阶，找个地方躲藏起来。可是，她耳边又响起了吕梅的话："遇事不要着急，要有耐心，做革命工作不要想一口吃个大胖子，现在人民的觉悟还没那么高。"想起吕梅在训练班里讲的话，使胡兰沉住了气，心里平静多了。她站在台上，望着大家，心里想：你们不安静，我就不讲话，等你们不讲，我才说。

金香、玉莲见人们吵得太不像话，她俩又拍手又跺脚，想维持秩序，可没人理她们，甚至她们的喊声也被吵嚷声淹没了。后来石五则站起来，用严厉地口气说："这是开会，不是拉家常，大家静一静。听到了没有？"

果然，会场上安静了许多。胡兰提高嗓门儿，认真地说："各位大婶大娘，我和金香、玉莲都是你们看着长大的，我们过去就是跑龙套，干些杂活儿。今天上级组织要我们来干妇女工作，我知道在坐的好多人，能力比我们强。就说我吧，不要说别的，讲个话也讲不好。今后有什么不对的，还要请大家多指点……"

胡兰没想到随随便便的几句话，却起了大作用，会场上马上鸦雀无声了，人们静悄悄等她往下说，接着她就顺畅的讲下去了。胡兰首先说了妇女能顶半边天，肯定了抗战时期云周西村的妇女为抗日做的贡献。讲了在那残酷无情的岁月里，村里妇女做军鞋，掩护抗日干部，救治伤员，再说到种粮食和敌人斗争，上级组织给予了高度评价。这些都是云周西村妇女的光荣，所以大家听了很高兴，说得人们情绪也高涨。接着她将话题一转，讲到了为什么要办冬学，办冬学的意义和好处，还说了什么样的人什么样的条件能上冬学，详尽地说了一遍。她讲得头头是道，有条有理，大家听得清清楚楚，明明白白。

讲完话，她有条有理的指导金香和玉莲组织在场的人报名，立时就有几个积极分子报了名。可是登记完这几个人，再也没有人报名了，胡兰又问了几遍，仍然没人吭声。大家你看看我，我看看你，就是没人报名了。正在胡兰着急上火的时候，会场后面站起来两个人，胡兰看到心里有些高兴，忙招手示意她们到前面来报名。谁知人家拍了拍屁股上的灰土，说了声：我们要回去喂孩子哩，转身就走了。接着又有几个人说要回家做中饭，说着也走了。还有两个走的时候什么也没说。这两拨人一走，其他人也坐不住了，会场上顿时就乱了，一些人纷纷站起来，拍着身上的尘土，不言不语的向门口走去。不论胡兰三个怎么喊也没人听，急得金香和玉莲跑到门口去挡，但一个也没留住。石五则看到这情形，也没有好主意，便低声对胡兰说："开不成了，散会吧。”听石五则这么一说，只好宣布散会。

胡兰没想到上任第一天开个会都这么难办，心里很丧气，三个人气得连一句话都不想说。石五则见她三个不言声，就劝她们：“和群众办事不能着急，俗话说得好，心急吃不得热豆腐。其实今天的会目的也已经达到，大家都知道了胡兰以后就是妇联秘书了，村里以后妇女工作就由你们来管理了，还将办冬学，区上的意见传达了。冬学慢慢再说，也是个迟早的问题。”说着话，石五则抬头看了看太阳，对胡兰三个说：“快吃午饭了，你们也回去吧！”

胡兰三个人一起出了村公所，一路上谁也没心思说话，大步流星往家走。走了一段，追上了几个妇女，她们懒懒散散的走着，边走边议论：

“要说吧，上冬学也是好事情，好歹学点文化，不做睁眼瞎。”

“是呀，我也想上就怕俺婆婆不让。”

“有啥用，认得几个字就不种地了，有那工夫我还能纺二两线呢？”

“三个黄毛丫头，也想办冬学，我看是瞎胡闹。”

听了前面几个妇女的议论，胡兰说不出心里是什么滋味，她偷偷看一眼金香和玉莲，她俩脸色都变了。

胡兰在外受了气，也不知如何发泄。奶奶听别人讲胡兰当了妇女干部，刚到家，又冲着她发脾气，又是拍桌，又是打板凳，一脸阴云，对胡兰不理不睬，眉宇间杀气腾腾，就是不说话，这一招比打她一顿还难受。吃饭的时候，胡兰正端起碗，奶奶说话了：

“噢，当了妇女干部还需要吃饭，我还以为开会就能开饱呢，要是不吃饭，我这把老骨头也去开会算了，还省吃省喝多好呀。”

胡兰在外憋了一肚子气，回家真想有人能安慰她几句。可奶奶一番冷嘲热讽，胡兰受不了，她没听奶奶继续说下去，把碗一放，就跑到屋里躺在床上哭了。爱兰见姐姐哭了，好心疼，便追到屋里，想劝姐姐，但又不知说些什么，只是连声说道：“姐姐不要哭了，不要哭了。”

胡兰没有理妹妹，还是趴在那里哭。其实她不是在生奶奶的气，只是想到今天第一次开会就受了这么大的气，她甚至对今后都产生了怀疑,心想这工作还能不能继续下去。越想越是泄气,她真想去找吕梅辞掉这份工作。然而,想着想着,她又想起了张大爷,人家张大爷为了革命,那么大的干部却当起了长工,给人家低三下四干活儿,过着吃不饱穿不暖的日子。还有那两个通讯员,为了革命已搭上了性命,人家牺牲都不怕,自己与别人一比,那算什么大事呀。再说自己是主要负责人,不带头,那金香和玉莲又如何想?

经过一番激烈的思想斗争,胡兰为自己的行为感到羞愧。她意识到自己不应该生这些闲气,今天的会开的不好,说明自己工作做的不到家,以后要多总结经验教训,哭不解决问题。这时,妈妈走进房来,劝道:"胡兰子,你还不知道你奶奶就那种脾气的人,说两句就过去了,再说她是长辈,你怄啥气。别哭了,快起来去吃饭,该干什么,就干什么。你一哭,奶奶的火气也下去了。"

胡兰再不哭了,她起来洗了洗脸,正准备去吃饭。这时奶奶也来了。奶奶口气缓和地说:"怎么?我就连句话都不能说了?还得三请四唤吗?"

胡兰忙说:"奶奶你不要多心,我不是在生你的气,我只是在外面受了委屈。"

她说完,去北屋吃了饭,然后出门找金香玉莲去了。

到了金香家,恰好玉莲也在,两人正在那里生闷气。她们见胡兰来,就在那里发牢骚,都说要辞职不干。在胡兰反问她俩:"我们不干,你们说谁干呢?"

玉莲气呼呼地说:"谁有能耐谁干,反正我不想再受这窝囊气!"

胡兰说:"那我们就让地主婆子干,那不正好中了她们的意。"停了停胡兰继续道:"我刚才在家里还气哭了,也想不干了,可仔细想不对,其实这是点小困难,你们想想张大爷,吃那么多苦受那么多罪,人家都能忍辱负重,我们就是暂时遇到了一点小困难,就打退堂鼓吗?"胡兰又讲了一些道理给金香听。最后胡兰说:"吕梅说过,革命的道路是曲折的,闹革命就是和困难作斗争,越是有困难,越是要挺直腰杆。比起抗日干部遇到的困难,咱们这算啥?"

金香说:"可我们眼下这困难怎么解决?"

胡兰问:"什么困难?"

“上冬学呀!”

玉莲忙说:“不来就罚,看她们来不来。”

在胡兰冷静地说:“不能那样做,更不能一罚了事。咱们从庙上回来,不是听到了吗?有的妇女还是想上,就是怕家里人不让,那么我们就做群众动员工作,丈夫不同意我们去劝丈夫,婆婆不同意我们说服婆婆。有的是怕我们办不成,那我们就争取尽快先把冬学办起来,就能吸引更多的人来学习了。”

大家一商量,心气就齐了。于是,胡兰、金香和玉莲连着几天走家串户,把全村走遍了。虽然最后只有十几个人参加,但冬学终于开班了。

新任务

真像胡兰预料的那样，冬学办起来之后，一些来看热闹的妇女发现冬学又念书又识字，尽学好，也就动了心，一个个都来报名参加学习了。不多久，冬学班由原来的十几个人，迅速发展到了五十多人。冬学在云周西村办得红红火火，热闹非凡。

胡兰为冬学办起来高兴的时候，家中奶奶却突然犯了病。有一天，奶奶突然从炕上摔到了地上，一跤就摔得人事不省，昏了过去。家里人七手八脚忙着抢救，有的屈腿，有的掐人中，有的哭，有的叫。折腾了好半天，奶奶才算喘过气来。人是苏醒过来了，但奶奶嘴吐白沫，瞪着两只眼睛，一句话也说不出来，成了植物人。看到奶奶呆若木鸡的样子，这可把全家人吓坏了，不知如何是好。大伯主意多，他借了辆自行车骑上就到下曲镇请来个医生。医生看了后说，这是中风不语，得赶紧治疗，不治性命难保。医生给奶奶扎了两针，又开了几副中药，奶奶吃了两副药也不见好转，每天昏迷不醒，似睡非睡。

有一天，区上来了紧急通知，要各村妇联秘书到大象镇去开会。胡兰想既然是开会，肯定有重要事，不能不去。她和奶奶说一声就去大象镇开会去了。

傍晚，当她开完会回来的时候，远远看见妹妹站在村口。胡兰一下就想到了病重的奶奶，以为有什么不测发生，不由出了一身冷汗。当她跑到妹妹跟前，才看清爱兰满脸堆笑。不等她开口，爱兰高兴地说："姐姐，奶奶病好了，会说话了。"

胡兰听了，心中的石头落到了地上。原来是奶奶病好了，胡兰也格外的高兴，她拉起妹妹的手，一起往家跑。一进院子，胡兰听见妈妈说："你老人家不要着急，胡兰就快回来啦。"

接着奶奶有气无力地问："胡兰到哪里去了？"

胡兰三五两步，跑到上房，拉着奶奶的手说："奶奶，我在这里，你好点了吗？"

奶奶一见胡兰，眼泪汪汪。她紧紧握住孙女的手说："兰子，又去工作了，奶奶不行了，别离开奶奶，你是奶奶的命根子，妈妈死的早，奶奶又要离开你了，奶奶只求你听一句话，以后别再出去工作了……"

奶奶哀求地望着她，胡兰听到奶奶又是说些不让她工作的话，看着病重的奶奶，胡兰又不好说别的，就低下了头不做声。

奶奶催促道："兰子，你说话。你答应奶奶吧。"

妈妈用手捅了捅胡兰，又使了个眼色。胡兰知道妈妈是要她哄奶奶高兴，可胡兰不想欺骗奶奶。这时奶奶不住地咳嗽，胡兰忙倒了一杯水，面给奶奶喂水，一面用话岔开。她说："奶奶，你安心养病。"

奶奶喘着粗气说："我的病是好不啦，我看花十亩地的粮食也不够，你们也不要费那心思了，花多少钱也是白花。"

大伯忙说："妈，说什么呀，你不要操这个心，只要病治好了，花多少钱都值。"

奶奶气若游丝地对大伯说："我死了以后，你们兄弟不要分家。你是长子，你兄弟老实，没出息，我担心他自己过不了日子。"说着奶奶眼角流出了泪水，歇了歇她又说："过日子要精打细算，不该花的钱一分也不要花。"

奶奶还想说什么，但大娘和妈妈已泣不成声。这时，奶奶艰难的挣扎着伸出两只手，费劲地脱下手上的一只银戒指，说："兰子过来，奶奶没有值钱的东西，这只戒指跟奶奶一辈子了，留给你做个纪念吧！"

奶奶边说边摸索着将戒指给胡兰戴上了，胡兰看着手上的戒指，泪如雨下。

奶奶说：“我死了后，办丧事千万不要铺排，省下就是赚下的……”

大伯说：“妈，眼看着一天比一天好起来，不要说那些不吉利的话。快吃药吧。”于是大娘、妈妈就给奶奶喂药，喝水。奶奶吃过药就睡着了。

胡兰趁奶奶睡着的空，想去找金香和玉莲说说区上开会的事，但又怕奶奶醒过来了见她不在又生气，便叫爱兰去叫她俩，一会儿金香和玉莲就过来了。

玉莲见面忙问：“区上开会说什么了？”

“发动妇女纺线。”

金香问：“给自己纺？”

“不，给公家纺。”

怕吵醒了奶奶，胡兰说着，将金香和玉莲引到院子里，传达了区上会议精神。她告诉她俩：现在形势很紧张，鬼子投降了，可阎锡山要争夺胜利果实，军事上要大举向解放区进攻，同时展开了对解放区的经济封锁，想围困共产党的队伍。现在一切军用物资进不了解放区，连布匹也不准运进解放区，同志们住在山里，没有衣服穿……

胡兰话还没说完，金香抢着问：“给咱们分多少任务？”

“二百斤棉花。时间规定一个月，当然越快越好。”

玉莲说：“这事好办，我们村妇女们几乎都能纺线，将任务分下去就行。”

胡兰说：“你们先统计一下全村有多少人，再计算一下每个人纺多少线，最后分下去就行了。”

正说着，爹在北房叫胡兰，说奶奶醒了，找她。

金香说：“你去吧，这事交给我们办好了，有什么事再来找你。”

胡兰点点头，慌慌忙忙送走金香和玉莲，跑步去了北屋。

胡兰进了屋忙拉着奶奶的手说：“奶奶，我在这里。”

奶奶带着哭腔说：“兰子，你妈死得早，你和爱兰是我一手拉扯大的，你是奶奶的心头肉。奶奶死了，你要带好妹妹，出风头的事不要干，免得引火烧身。”

奶奶又是让她不要去工作，胡兰听了有些不高兴，但见奶奶病的不轻，便违心的讨好奶奶说：“奶奶，你放心吧，我一定照你说的做，听你的话。”

奶奶第一次听胡兰说这么乖巧的话，脸上露出了一丝微笑。

当天夜里，胡兰见大人们守候奶奶这一段时间都累了，就提出自己要夜里陪着奶奶。爷爷说人老了觉不多，坚持与胡兰陪老伴。胡兰说：“爷爷你陪奶奶好几天了，要不你先睡会，半夜你再替我，反正我现在睡不着。”

爷爷就先睡了，到了半夜，胡兰打了几个哈欠，眼睛有些睁不开了。胡兰看看奶奶问她喝水不，奶奶点了点头，于是，她给奶奶喂了些水。奶奶就安静的睡下了。

半夜里，外面更静了，爷爷鼾声更响。胡兰想爷爷真是累了，虽然自己困了，但没有叫醒爷爷。看着奶奶睡着了，胡兰也打开了顿。不一会儿，她伏在奶奶床边就睡着了。天快亮的时候，爷爷叫醒了她，说奶奶已经没气了。胡兰听后，悲伤得一下就哭了。

由于家里条件有限，奶奶的丧事办得极其简单。办完奶奶的丧事，胡兰马上去找金香和玉莲，过问分棉花纺线的事。那天，胡兰走进观音庙办公室，看到炕头还堆着一大堆棉花。金香和玉莲的头上、身上沾满了棉花毛，两个人愁眉苦脸地站在那里。农会秘书石五则坐在椅子上说：“你们事先不做思想动员工作，不了解情况，发棉花的时候当然要出问题。”他抬头看了看胡兰，又说：“你看胡兰一时不在，你们就出问题。胡兰子做工作就比你们细心得多。”

胡兰不好意思地笑了笑说：“五则叔，你别把我说得过头了，什么工作不是我们一块研究着做的。”回头她又问金香和玉莲：“出什么问题啦？”

金香指着炕上的棉花说：“你看剩下四十斤棉花怎么发也发不出去了。”

胡兰问她是怎么回事。金香这才说，原来计划每人纺二斤，可今天发棉花的时候，才发现有的生病不能纺，有的家里孩子多，要照顾小孩儿，有的回娘家去了。在的谁也不愿多干。

石五则对金香和玉莲说:“人家不愿接受这个任务,是你们工作没做好。事先应该作个调查,不能光按名单分,要根据实际情况确定,这样才行。再说了有孩子的和没孩子的一律按两斤分也不合理。”

胡兰说:“五则叔,这不光是金香和玉莲的不对,是我把问题想得太简单了,没估计到会出现这么多问题。所以才出现了这个情况。”接着胡兰自言自语道:“是啊,有孩子的与没孩子不一样,孩子多的和孩子少的不一样,干活快的和干活慢的不一样,这家和那家也不一样,年轻的和年老的也不一样。唉,怎么事先就没有想到呢?”胡兰沉思了一会儿,对石五则说:“五则叔,我看在这里等也不是办法,我们再将情况摸一下,有困难的就给照顾,能多纺的就动员再增加些任务。我们干部们要带头,主动多纺些。无论如何要完成任务。”

石五则点点头说:“除了到户访问,还要利用冬学时间,动员妇女积极分子多纺些。”

四个人商量后,就马上开始行动。胡兰她们当天就挨家挨户了解妇女们各自的情况。晚上,胡兰又在冬学里,把纺线的意义和分棉花的情况对大家说了说。然后检讨说:

“分棉花的事,出现这么多问题是我想得不周到,办事方法少,没经验,结果出现了差池。可是不管怎样,我们云周西村不能把棉花送回区上去,那多丢我们村妇女的脸面。”

说完,她看了看大家,又看了看金香和玉莲,然后说:“玉莲先给我多分两斤。”

于是金香和玉莲就给分了两斤放到一边。金香和玉莲也表示自己每人再分两斤。

世芳婶子说:“胡兰奶奶刚过世,她心情不好,要为分棉花的事操心,又主动多担任务,真是难得,也给我来两斤。”

世芳婶的话和行动鼓动了大家。又见胡兰、金香和玉莲带了个好头,妇女们便纷纷报名要求多纺棉。有的多要一斤,有的多要半斤,很快四十斤棉花就分配完了。

时间很快过去了。在干部们的带动下,全村妇女纺线任务顺利完成，不到二十天时间纺了二百斤棉花。因为云周西村妇女提前完成了任务，纺的线又好，得到了上级表扬。胡兰她们很高兴，妇女们脸上也觉得光彩。这次纺棉工作的胜利完成，使全村妇女看到了胡兰她们认真负责的精神，认识到她们的工作能力。不久全村妇女大会上，胡兰就当选了正式村妇联秘书，金香和玉莲也选成了妇联委员。

眼里不容沙子

抗日战争胜利后，盘踞山西的军阀头子阎锡山在蒋介石的唆使下，大举向革命根据地侵犯，阎锡山名义上是为国民党效劳，实质是为了夺取抗日胜利果实，巩固自己的地盘，便于统治当地百姓。在这种情况下，革命根据地的军队和人民开展了声势浩大的自卫战争。所以，当时不论军队还是地方，到处都是紧张而繁忙。云周西村妇联工作也是一件接一件。胡兰她们刚完成了纺线任务，区上又给她们分派了做二百双军鞋的任务。

胡兰经历了上回纺棉的教训，这次决定先把组织计划想好，再做思想工作。先是召开妇联班子会议，才召开了妇女座谈会。

会上，胡兰先给大家讲了当前军事斗争形势。她说：抗日战争胜利，日本鬼子赶走了，人民应该过上好日子了，可是蒋介石和阎锡山这些反动派，他们怕共产党领导人民闹革命，夺取了他们手中的权力，所以他们收编日伪军，进攻解放区。蒋介石在人民反对内战的压力下，虽然签订了停战协议，可是他们暗地里调动军队，抢占解放区地盘，前不久就攻占了好几座解放区城镇。我们文水县开栅镇就是在停战后被阎匪军抢占的。面对这种情况，党中央要求解放区人民要提高警惕，做好战争准备，彻底粉碎敌人假和平真内战的阴谋。

胡兰讲完形势，这才说到做军鞋的事。她说：我们的部队要打仗就得要有粮食要有衣穿，战士总不能光着脚去打仗。最后，她还讲了自己在报纸上看到的一个故事。她说:在抗战时期,有一支游击队和敌人碰了头,打开了肉搏战。有个战士和敌人拼刺刀的时候,一脚踩在了高粱茬子上,因为鞋的质量不好,茬子捅破鞋底,扎在了战士脚心,战士受伤倒下了,随后被敌人刺死了。我们干活没有鞋穿,也许还能坚持,想想,一个战士没有鞋穿是多么的可怕!

听完这个可怕的故事,妇女们七嘴八舌议论了很久。等会场上议论声小了,胡兰才继续说:"我们绝不能做那样不结实的鞋,要保证把军鞋做得符合标准。要让我们的战士穿着我们做的鞋放心,更好的打敌人。"胡兰、金香与玉莲叫了村里人公认做鞋做的比较好的大婶商量了一下,当场规定每双鞋要达到一斤重,底子要一指厚,一只鞋至少要纳五百个针码。这时,妇女们提出了困难,有的说不会搓麻绳,有的不会绱鞋帮,有的还说不会剪样子。后来,胡兰她们又和几个有经验的妇女研究了一下,找出两个给大家专剪样子,又让互相结合,分工协作:会纳底的就纳底,会绱鞋的专绱鞋。并且还发动干部带头动手,加工细做。

分工协作这办法真不错,只用了七八天时间,大部分军鞋就做好了。那几天,胡兰、金香和玉莲她们都忙坏了,自己又要做鞋,还要验收做好的鞋,又要督促没做的赶紧做。很快就收到了一大堆军鞋,一双双军鞋做工精细,质量也好。胡兰看到云周西村妇女觉悟高,手又巧,任务完成的如此之快,心里很是高兴。然而,就在最后一天,却发现了问题。

那天傍晚,好多妇女都跑到庙上交鞋来了。地主婆子二寡妇也来了。她衣服穿得特干净,头发梳得光溜水滑,身上散发着一股油粉香味,打扮得像走亲戚。

胡兰只顾忙着给其他交鞋的人称重量,数针码,给鞋底上写名字,没顾得上抬头理她。二寡妇趁人们不注意,解开手巾包袱,把一双鞋往鞋堆里一塞,笑着对胡兰说:

"胡兰子,我的鞋可交了,你们可给我打个字条。"说着转身就往外走。

胡兰抬抬头说:"二婶子,现在人多,你不要急,等我们检查完了,就给你开收条。"

二寡妇回转过身来，说：“哟，还要检查？看看，还不相信我了？”

胡兰笑笑说：“二婶子，不是不相信，这是程序，大家都是这样。你先坐一下，过会就轮到你了。”

二寡妇见胡兰她们不给开收条，只好坐在那里等待，和几个交了鞋的妇女说起了闲话。

胡兰和金香在那里检查登记，玉莲在忙着打包装箱，大家七手八脚，忙得不可开交。

“呀！这是谁的鞋？怎么这么轻飘飘的？”玉莲一声惊叫。

二寡妇抬头扫了一眼，看见玉莲拿的正是她交的鞋，便装聋作哑不吱声，继续聊天儿，想蒙混过关。

胡兰接过玉莲拿着的鞋，以为检查时没注意到，就拿到手上掂量了一下，的确很轻。胡兰和金香又拿着鞋子挨双挨双对名字，结果这双鞋没名字，胡兰才知道是二寡妇做的鞋。她拿着鞋走到二寡妇面前不满地问道：

“二婶子，这是你做的军鞋？”

二寡妇见没办法，只好承认是她的。并且笑嘻嘻地说：“你看样子还不错吧？穿鞋就是穿个样式。你觉得轻，这底可是一层层好布做的咧……”

胡兰打断她的话：“这样的鞋我们不能收，你看吧，像给死人做的寿鞋，这怎么能交给队伍做军鞋，战士穿上鞋是要打仗的！”

二寡妇听了胡兰的话，就炸开了锅：

“哟，别人的收，我的就不收？别人鞋是铁打的，我的鞋就是纸糊的？别人鞋是活人穿的，我的鞋就是死人穿的？胡兰子，你说话损不损呀。我看你就是诚心欺负我这孤儿寡母！我家里里外外就我一个人，你就这样欺负我。收不收，你们看着办吧。”

二寡妇觉得这几个年轻姑娘不懂得什么，自己要点泼，给她们来点硬的，也许就收下了。可是胡兰她们就是不吃这一套。

听二寡妇这么说，胡兰也板起脸说道：

“二婶子，你别在这儿瞎嚷嚷。不怕不识货，就怕货比货，你随便拿一双鞋比比，那一双不比你做的强。你看你做的，针线稀不说，底子又薄又软。”胡兰说着把鞋高高举了起来，接着说：“大家看看，这鞋底能扭成麻花，这样的鞋能给部队上送去吗？”

二寡妇在一边，气得脸变成了猪肝色。

这时，妇女们拿起这双鞋，这个看看，那个瞅瞅，有的冷笑，有的撇嘴。有个嘴巧的笑着说：“这么结实的鞋还不留下自己穿，怎么舍得拿出来？”

听了这话，大家一阵哄然大笑。有人气呼呼地说：“这简直是给我们云周西村的妇女们脸上抹黑哩。”

二寡妇恼羞成怒，故意放开声嚷嚷道：

“你们干脆说我是反革命算了，你做一双，我也做一双，我又没做一只，我哪点落后啦？吃柿子挑软的，欺负人也没这么个欺负法。叫你们大干部来评评理。”

话音未落，石五则从东屋跑过来了，问是怎么回事。胡兰连忙把事情原委细说了一遍，又把那双鞋递给他说：“五则叔，你看看这能收吗？”

石五则拿着鞋左看右看，一时没说话。二寡妇说：

“你是村里的大干部，你看看这鞋能不能收，为了做这双鞋，我的手扎了多少伤，指头都破了。”说着就将手伸到了石五则眼前。

石五则笑了笑说：“这鞋不算太好，但也不坏，看样子倒时兴，质量好像差点，但也说得过去。”她回头对胡兰说：“不要和她吵了，马马虎虎收下，给她一张收条。再说，军鞋送上去，多了谁又知道是云周西村送的，谁又知道是你胡兰收的。”

胡兰一向尊敬石五则，觉得他是抗日老干部，现在又是村里农会秘书，她以为石五则看了鞋，会批评二寡妇，拒绝收下这双鞋，谁知他竟说出了这一堆含糊其辞，觉悟低下的话来，这不明明是给二寡妇撑腰吗？以前胡兰听说过石五则与二寡妇不干不净的事，现在看来是真的，他居然拿做军鞋的事来袒护二寡妇，这种人一点革命原则也没有了。

胡兰虽是这样想，但没有说出口，她压了压心中的火气，向石五则问道：“五则叔，这鞋怎能往上交去？”

石五则说：“二百多双鞋，混在里面也看不出。十个指头不一般齐，这算不了大事。”

当时没有一个人说话，妇女们眼巴巴的看着胡兰。

石五则以为经他这样一说，胡兰她们就会把鞋收下。他顺手把鞋往鞋堆里一扔，就抽身往外走。

可是胡兰马上就捡起了那双鞋，大声对石五则说：“五则叔，这鞋我不能收！我不能办这种马马虎虎的事欺骗上级组织。”

石五则愣住了，他没想到一向对他言听计从的胡兰，一点面子都不给他。他转过身来，气得往地上吐了几口唾沫，生气地吼叫：“你不欺骗上级组织，那我欺骗了，你去告！”

二寡妇趁机煽风点火道：“哟，这村就是胡兰的天下了，别的干部就是聋子耳朵摆设了。”

石五则脸红了，大声向胡兰喝令道：

“我说的，收下！”

“这鞋，我不能收！”

“我做主，收下！”

“我不收！”

“为什么？”

“这鞋里有假。”

二寡妇心里有鬼，就向胡兰大声嚷嚷：“你不能红嘴白牙血口喷人！你敢说我鞋是假的，小心你烂舌头……”

胡兰打断她的话说：“你别骂街，我们割开就知道了。”

玉莲忙从屋取出一把刀来，抓起鞋就要剁。石五则也看出鞋底子有问题，他怕万一割出来是假的，自己也不好下台，于是忙制止道：“好好的鞋剁了，谁负责？这不是搞破坏！”

石五则给胡兰戴上个搞破坏的帽子，以为胡兰就不敢行动了。可胡兰坚定地说：

“剁，我负责！”说着，一下就把鞋剁开了。

胡兰撕开鞋底，果然里面全是垫的草纸。在场的妇女们就骂开了。

石五则脸色铁青，简直气得肺都要炸了。他不是生气二寡妇鞋底用草纸，而是气胡兰不给她留面子。他看见当场丢了人，也不好再说什么，嘴里不干不净骂了几句，悻悻地扭身走了。

"这个没良心的，八路军打垮了日本鬼子，这会又打阎匪军，解放了我们，她却做这样的鞋给人家穿？"

"这种人不能轻易放过，要给她点颜色看看，看看她以后还敢干这种缺德事不？"

"开个批斗会，让她好好检讨！"

二寡妇一下成了众矢之的，屋子里人们指着她气势汹汹地嚷成一团。二寡妇见势不妙，站起来，气呼呼不服气地说："大权在你们手里，你们愿意怎样就怎样吧，我候着。没有犯下死罪，量你们也不敢杀了我的头。"说着就走了。

妇女们交了鞋，大家说说道道就走了，边走边还议论二寡妇。胡兰、金香和玉莲收藏好鞋，也相随着走出来。刚走到庙门口，石五则叫住了她。石五则和颜悦色，好像什么事也没发生，对胡兰说："唉，没想到二寡妇这么落后。唉，我这个人就这心直口快的脾气，火气一上来什么也不顾。"

胡兰没有开口，她猜不透石五则的心思。

石五则继续说："听说你们要开斗争会？这有什么好斗的？罚她重做一双鞋算了。为这事敲锣打鼓折腾啥？"

胡兰听出了石五则的意思，心里气极了。但她不动声色地说："五则叔，我们是刚开始学做工作，也没经验。这件事怎么处理，我还得征求群众意见。再说了还要同村里其他干部研究。"说完就走了。

观音庙里剁军鞋的事成了村里爆炸新闻，很快就传开了。当胡兰回到家里，家里人也在议论。一向不管胡兰事的爷爷，对胡兰发话了："你奶奶刚死不久，没人管你啦，在外充什么好汉，枪打出头鸟，你哪天吃了亏，还不清楚原因呢。"

大伯接着说："要说吧，谁也想把公事办好，可人多事杂，有公事，就有私事，公私混杂在一起就难办了。不要事事都顶真，只要自己做好了就行，这样才行得通，世道艰难！"

大伯说了一阵，胡兰也不知他是说应该还是不应该。也想不出个理来与大伯争论。可她心里清楚二寡妇这样的鞋是绝对不能收。

爷爷又在那里说："你惹得起人家二寡妇，她可是个有后台的人，你个姑娘家懂什么哟。"

胡兰听了爷爷的话,心里也烦恼起来。她想,今天剁了鞋,还不清楚以后会出什么漏子。但自己总不能见二寡妇拿假货充好去欺骗上级吧,如果那样做,群众会怎么想?今后工作又如何干?胡兰想了想二寡妇的事该如何处理,是不是该向上级报告。她突然想起世芳叔要从区上回来,觉得找他谈谈才对,于是她吃完饭就去了。

胡兰见了世芳叔和村长们,她把事情经过说了一遍。世芳叔肯定了她的做法完全对,还批评了石五则。世芳叔说:"一个革命干部应当这样,就是要向二寡妇这样的人做斗争,对坏人就要不留情。"听了世芳叔的话,胡兰心里踏实多了。

回来后,胡兰找到金香、玉莲和村里几个妇女积极分子,把这事研究了一下。第二天召开了妇女大会,把二寡妇做的鞋拿到了会场给大家看。妇女们都认为这是一颗耗子屎脏了一锅饭,二寡妇是给云周西村人丢脸。二寡妇当场认了错,最后答应做几双好鞋补上。

开完会,胡兰和村干部们商量将已收好的鞋送到区上,二寡妇做的鞋以后补缴。大家一致认为不要因为她一个人,耽搁了云周西村做军鞋任务的完成。

传经送宝

村公所派了石六儿和刘胡兰一起去区里缴军鞋。胡兰与石六儿不太熟悉,胡兰她只知道石六儿在抗日时期暗地里当过民兵,做过抗日工作。石六儿也知道刘胡兰的底细,但两人从来没说过话。这天,两个人走了很远一段路,也没说什么话。石六儿是个三十多岁的中年人,身材高大,很是有劲,推着满车军鞋,走得两脚生风,胡兰空着手还得小跑才能跟上。

走出两三里地时,突然道上有一段上坡路,胡兰忙俯下身子帮着推车,这时她看见车把上吊着个篮子,篮子里面放了些饼子和麻花。胡兰感到有些奇怪就问石六儿:

"六儿哥,就五六里路,你带干粮干吗?"

六儿哥忙说:"不是干粮,我是准备到我妹妹家去,给小孩子们带的。"

"你送军鞋还捎带走亲戚?"

"不,我是走亲戚捎带送军鞋。"

石六儿滔滔不绝地说,今天轮不上他支差,他在大街上听石三槐要人送军鞋,正好自己要去大象镇妹妹家,就顺带把鞋送去算了,空着手也是走,推着车也是走。原来这么回事,胡兰听完心里赞叹:"要是别人,才不管这闲事,没想到石六儿思想很进步。"

几句话之后,两人就有了闲谈的话题。石六儿说自己很赞成胡兰她们斗争二寡妇，并说他对二寡妇也反感，说二寡妇勾引石五则，更看不起石五则，说过去还好，自从勾搭上二寡妇就有些变了，有些言行不像个村干部。

胡兰觉得背后议论人不好，就把话题岔开了。说："日本鬼子投降了，老百姓就有好日子过了。"胡兰指了指道路两边忙春耕生产的人们说："你看，不打仗的日子多好，老百姓劳动的多欢！"

石六儿接过话："多亏有八路军，八路军真是世界上最好的队伍。"

两个人你一言，我一语，说说道道不知不觉到了大象镇区公所。胡兰让石六儿走亲戚，她留下缴军鞋。

胡兰找到民政助理员，助理员见这么快有人来缴军鞋，赞扬说这是全区头一个。于是，民政助理员兴冲冲地忙着验收鞋子，当打开包袱，看一双双新鞋结实的像铁打的一样，更是赞不绝口，说："早听区干部说云周西村群众基础好，干什么工作都突出，果然是这样。"助理员看了看胡兰，又夸奖说："没想到你这么年轻的干部做工作可老道，任务完成的如此之快，质量也是如此的好。"

胡兰谦虚地说："这都是靠大家，我一个人哪有那能耐。"

缴完鞋，胡兰拿上收据，忙跑到隔壁院里想找区妇联秘书苗林之汇报一下情况，没想到铁将军把门。她转身进了东屋，向宣传干事小杜打听，才知道苗林之两天前就陪吕梅到各村检查、督促做军鞋去了。

小杜是区里小秀才，笔杆子有两下，他知道还没有人上区里缴过军鞋，胡兰是第一个来的，他敏感的意识到，这里肯定有经验，忙向胡兰说："你们村是第一个完成任务的村，你谈谈经验吧。"

胡兰笑了笑说："经验我可说不出来。我向你汇报一下情况吧。"

接着胡兰就将村里妇女做军鞋的事说了一遍。小杜听得入了神，不停地在一个小本子上记录着。特别是听到二寡妇的事，小杜更是兴奋不已，说："这么典型的事，真该上报纸。"汇报完，胡兰走的时候，小杜特意给了胡兰两期新出版的《晋绥大众报》。

胡兰没想到云周西村是第一个完成任务的村子，成了第一名，心里乐滋滋的。她想回到村里，把这好消息告诉给村里的妇女们，她们肯定也会好高兴，也会觉得脸上有光。

胡兰这样想着，心情好极了，脚步也就加快了。很快她走出了大象镇，刚出来走的不远。迎头就碰上了东堡村的妇联秘书霍兰兰。胡兰与霍兰兰是在区里开会认识的，见过两次面。霍兰兰老远就向胡兰打招呼："胡兰你去哪里了？"

"我缴军鞋回来。"

"哎呀，你们二百多双鞋这么快就做完啦？"霍兰兰有些惊讶地问。

"没有，还有一双没做好。"

"哦，一双算什么。我们五十双的任务，连一双还没做成！急死人了！"

胡兰忙问："那怎么回事？"

霍兰兰叹了口气说："唉，说不上来是怎么回事，反正困难很多。"

她边说，边迈步要走。胡兰问她要去哪里。霍兰兰说要到区上去找苗林之帮忙想办法。胡兰告诉她说苗林之不在，不知和吕梅下乡到哪个村去了。霍兰兰叹口气说："唉，那我只好不去了。"

霍兰兰反身跟着胡兰往回走，愁眉不展地向胡兰说："眼看期限到了，五十双军鞋还没个影哩，即使区上不催，也不能没完没了的拖下去，这总不是办法呀！"

胡兰问道："任务分下去了没？"

"早分下去啦，可是都还没动手哩。催了一遍不管用，催第二遍妇女们都说忙。唉，真没办法，快急死人了。看看你们村，与我们村一比，真是一个天上，一个地下！"

"快别这么说了，我有什么本事，任务又不是我一个人完成的。"

"不管怎么说，反正你比我强。俗话说的好：强将手下无弱兵，你们村件件工作都做在我们前头了。"霍兰兰又叹了口气，说道："这五十双军鞋要是做不成，我就辞职了，不干这个妇联秘书了。"

胡兰一听她这样想，就想起了分棉花纺线的事，当初自己也是这样想的。忙说："干工作，不要遇到一点儿困难就打退堂鼓，挺挺就过去了。"

胡兰见她愁成那个样子，也替她着急。很想帮她的忙，但又不知从何帮起。于是她仔细问霍兰兰，分任务的时候开动员会没有？霍兰兰摇了摇头，说只顾往下分派任务没顾上开。胡兰又问她自己的军鞋做起了没有？霍兰兰又是摇了摇头，轻描淡写地说："整天东家进西家出，忙着催人们动手，哪有时间做呢？只要大家动手了，我的快，熬夜赶出来就行了。"

胡兰听了，觉得霍兰兰没有做动员工作，自己和干部们又不带头，这是个很大的缺点。她很想给提出来，但想人家也是村里妇联秘书，而且只见过两次面，自己没有资格对别人说三道四，更不能直截了当批评人家，所以话到嘴边又咽回去了。

胡兰低着头默默走路，忽然抬头说："其实我也碰过钉子，也作过难。"

胡兰接着讲了上次分棉花的情况，并着重说了不足之处。她说自己当初把问题也是看得太简单了，既没调查各家的情况，又没开动员会，只是硬往下分任务，结果连棉花都没全分出去。要不是后来采取了补救措施，差点连任务也完不成。

走到了三岔路口，马上要分手了，两人不约而同收住了脚步。胡兰看到霍兰兰听的有兴趣，想讲给她一些经验，而霍兰兰也想听胡兰把话讲完，看看别人是怎么干的。虽不言语，但为了完成工作，两人想到一起了。于是胡兰继续讲如何做动员，如何召开妇女座谈会，让妇女认清了为什么要做军鞋，并主动订出了军鞋质量标准……

没等胡兰说完，霍兰兰说："你这么一说，我心里也亮堂了。我看我们主要是没有做思想工作，就把任务分下去了，妇女们还以为是一般地派差事，本来主动的工作让我们搞被动了。"

霍兰兰拍手叫好："对，对，对，那我回去就做动员工作。"但她又叹了口气："动员时，讲些什么呢？"她想了想说："胡兰，要不你到我们村去一趟，给村里妇女讲一讲，开导开导，行不行？"

胡兰没想到霍兰兰会提这个要求，这让她为难了。去吧，上级没派任务，自己是云周西村的干部，跑人家那里指手画脚不好；不去吧，霍兰兰那发愁的样子和诚恳的态度又不忍拒绝。胡兰想了想，不管说什么，哪个村都是为咱们的队伍做军鞋，帮助别人完成任务，也没有什么不好，人家爱说什么就让说好了。胡兰一横心，对霍兰兰说："去！"

霍兰兰见胡兰同意了,有些喜出望外,说:“没想到你是个热心肠人,真好。”霍兰兰有些激动,她忙拉着胡兰的手,边走边说:“你接受过训练,懂的道理比我多,能给妇女们说出个道理来,她们就得服。”

路上胡兰又向霍兰兰讲了她做军鞋的一些具体方法,如组织手巧的专剪鞋样,干部带头先动手,发动不会搓麻绳、不会绱鞋的妇女和别人换工,等等。霍兰兰听得津津有味,忙说:“要是我早些遇到你就好了。”

她俩一路谈笑风生就到了东堡村。霍兰兰把胡兰领到她家里,刚进门,苗林之和吕梅也来了。霍兰兰见一下又来了两个帮手,高兴极了。她边忙着烧水沏茶,边向她们说道:“老吕呀,我正要去区里找你们,这些天可把人愁死了。到如今连一双鞋还没做起。你看胡兰她们村人家军鞋都缴区上啦!”

吕梅点点头说:“我们刚从云周西村来。”她见胡兰在这里,觉得有些奇怪,问道:“你不是去区里缴军鞋了?怎跑到这里来了?”

霍兰兰抢先回答道:“刚才我上区上去找你们帮助,遇上了胡兰,她说你们不在,我就把她从半路上请来啦。”接着她就说了请胡兰来的目的。

胡兰红着脸说道:“这不是区上的同志来了……”

苗林之忙笑道:“我们来也坏不了你们的事。”

吕梅一向对胡兰的印象很好。云周西村的做军鞋的前因后果她都知道了。她觉得胡兰这姑娘不只是工作积极,善于动脑筋,想办法,解决问题,而且能坚持原则,敢于和坏人坏事进行斗争,这更使她高兴。如今又听说胡兰是来帮霍兰兰工作的,这更引起了她对胡兰的喜爱。这时,她发现胡兰有点局促不安的样子,连忙说道:“你今天来得非常对,革命同志之间就应当是这样,互相帮助,互相支持……”

没等吕梅说完,霍兰兰就插嘴说:“老吕呀!要是胡兰常来帮助我一下就好了。”

胡兰不好意思地推了她一把说:“你尽胡扯,我懂个啥?我还要人帮助呢!”

吕梅说:“说真的,连我在内,咱们的工作经验都不多,可是如果能经常在一块交流,相互学习,取别人长处,补自己的短处,对谁来说都有好。”

苗林之插话道：“团结就是力量，众人拾柴火焰高呀，集体的智慧总是比个人的多。”

霍兰兰说：“要是经常能听听你们的意见，那就好了，我准长不少出息。”

胡兰听了两位区里领导的谈话，觉得太有道理了，边听边不住的点头称是。

这天，胡兰、吕梅和苗林之就在霍兰兰家吃了中午饭。下午又参加了妇女座谈会，会上她们讲了话，介绍了云周西村做军鞋的方法，表扬了云周西村妇女们的觉悟高，完成任务快，要东堡村的妇女们也要争当先进。天黑，胡兰才回到云周西村。

隔了两天，胡兰老是放不下东堡做军鞋的事，忍不住又跑去找霍兰兰，想问问情况。霍兰兰告诉她说，自从那天开了座谈会，好些人都连夜赶做军鞋，估计三五天就可做完。胡兰这才放了心。

从此后，霍兰兰每逢遇到困难就找胡兰，胡兰也不断去东堡，两人的友谊不断加深，两个村的工作做的更好。

认识阶级苦

区里干部们认为胡兰工作积极负责，思想觉悟高，有培养前途。1946年夏天，区上决定调胡兰到区妇联当干事。

那天，吕梅到云周西村，与村干部通气后，就把胡兰叫到了村公所谈话。

吕梅见了胡兰说："胡兰同志，根据组织上对你的考察，决定调你到区上工作，你有没有意见？"

胡兰一听，心里有些惶恐，老半天没吱声。吕梅又问："你不同意？"

胡兰若有所思地说："我觉得自己文化又低，经验又少，当村干部都很吃力，怎么能当区干部呢？那不是白吃公家粮。"

"现在土地改革，区妇联人少事多，忙不过来，需要提拔年轻干部上来工作。"

"吕梅同志，我的确水平有限，不行就提拔别的年轻人吧！"胡兰诚恳地说。

"这不是我个人的意见，是组织上的决定，既然组织上相信你，那是有根据，有道理的。"吕梅说。

胡兰听了虽然对这份工作还是有点怯场，但她想既然是组织上调动，最后，就同意了。在区里工作时，胡兰多半是与吕梅和苗林之一块去。她处处留心向这两位学习，而吕梅和苗林之也有意识的帮助她。

同年6月，全区在大象镇进行土地改革试点，大部分干部集中到了大象镇，胡兰也去了。在轰轰烈烈的土地改革运动中，给胡兰上了最深刻的一课，这些封建地主可恶至极，要不把这些剥削阶级打倒，贫苦农民就不得翻身。胡兰在实际中认识了什么是阶级，认识了无产阶级的苦难。

在土改快结束的时候，胡兰害了眼病，只得回家休养。回家后，上了几次药，喝了些甘草水、绿豆汤，眼病就轻了些。眼病稍好，她就想去村里溜溜，打听一下村里人对大象土改的看法。

那天，胡兰本来打算去找玉莲。一出街门，只听井台那两个热情地向她打招呼道：

“哟，胡兰，啥时回来的？”

“怎么？害眼啦？”

胡兰见说话的是金香和她妈。她一面和她们答话，一面走过去。当走到井台前的时候，才看清金香妈在天井里打水哩。胡兰觉得非常奇怪。因为村里，挑水这样的重活不会让女人干，她正想问她们娘俩。金香妈李薏芳激动地说：

“唉，胡兰，你大概还不知道，那个挨刀子的把我们母女从家里撵出来了！”

“真的？”胡兰惊问道。

金香忙说：“我们已经离开他家，搬到后街里啦。前天把手续办完了。”

李薏芳打好了水，对胡兰说：“到家里给你念叨。”

说完，金香和她妈抬起水桶，一摇三晃地向后街里走去。

一会儿，就到了金香家。金香和她妈住在后街坐北朝南的一座院子里，院子年久失修，已破败不堪了，这还是临时租赁的。屋里没有什么家当，只放了几件日常用具。地上堆着几个破旧的米面缸，灶台上放了一些锅、瓢、碗、筷，炕头扔了两个行李卷和几个包袱。东西不多，但乱七八糟，一看就知道家还没安置好。

李薏芳放下水桶，拉着胡兰就哭诉道：“胡兰子呀！你走了二十多天，我可活得不像个人了，那个挨千刀的，一点良心没有，把我们逼得走投无路。”

金香说:“妈你说啥?你看胡兰害眼,让人家坐下歇歇呀!”

“把我气糊涂了,快坐。”李薏芳忙把炕扫了扫,让胡兰坐下。她随后坐在锅台上,她说最近刘树旺在外村勾搭上了个年轻女人,就对她母女更加无理了,开嘴就骂,动辄就打。他骂金香那些话要多难听就有多难听。金香和他吵了几次,他就赶她母女出门了。

胡兰听后,说了一些安慰李薏芳的话。

李薏芳说:“要是金香是个男的,我也不愁,唉,以后这日子怎么过哟。”

金香接过妈的话:“人活得要有点骨气,以后就是要饭,也不会上他门上去要!”

胡兰听金香这么说很高兴。她忙劝李薏芳说:

“金香说得对,人活得要有志气。你放宽心,不要只看眼下的困难,咱们生活在解放区,在共产党、毛主席的领导下日子只会一天比一天好过。再说,刘树旺一天横草不拿,竖草不拈,全靠剥削别人过日子,他就是剥削阶级。过去,你们在他家整天挨打挨骂,在他家中,你们牛马不如。与他划清界线,一刀两断做得对。”

李薏芳和金香听不懂什么是阶级,还以为坏人就是阶级,问胡兰:“什么是阶级?”

胡兰说:“三言两语给你说不清,比如说恶霸地主、土豪列绅就是剥削阶级。我们没有土地,没有房子就是无产阶级。土地改革就是要打倒这些封建剥削阶级,像石玉璞这样的人就要打倒。”

“那刘树旺呢?”

“他也应该算地主。”

金香说:“胡兰,你说得太对了。对,一定要和狗日的划清界限。咱们村什么时候土改,非要好好斗争狗日的不可!”

胡兰忙说:“土改不是报私仇,而是要打倒整个封建剥削,让所有人贫苦农民翻身做主。”

胡兰,通过二十多天的土地改革,她逐渐懂得了一个阶级的苦难,心中的奋斗目标更大了。

入 党

胡兰调区上工作，组织上有两种意图：其一是锻炼她的工作能力，培养党的后备干部；其二是将她作为党员发展。在大象镇工作二十多天，她害了眼病组织上叫她回家休养。胡兰虽然回了家，但因为她没参加后阶段的工作，所以她很是挂念土改分配结果怎样、组织整顿如何。她最是念念不忘的是自己入党的事。

胡兰在区上工作时，组织上让石世芳和吕梅同志负责培养胡兰，经常给她进行共产主义教育。她打心眼也想加入中国共产党，所以在大象镇土改的后期，她鼓起勇气向组织提出了入党要求，并写了入党申请书。现在胡兰想起这事，心里就难以平静，说不出是着急还是担心。她在想不知道组织上是否讨论过她的申请？是否能批准？担心归担心，胡兰还是做好了两种思想准备：如果批准了那当然好，自己就有更多机会经常受到党组织的监督和教育，可以使自己更快的在政治思想上成熟起来，为党做更多的工作；要是没有批准，自己也不能灰心丧气，说明自己条件还不够，那就更应该加倍努力地工作，加强政治学习，从各方面提高自己，力争早日达到一个共产党员的水平。总之，她自己认准一条，就是不管批准与否都要时时处处以共产党员的标准严格要求自己。她有了这样的想法，心里就平静了许多。

胡兰眼病稍有好转，她就找金香、玉莲研究村里妇女工作中的一些问题；她也主动去找村里人谈话，宣传土改的一些政策，了解地主、富农们的一些动向。她估计云周西村很快也要进行土改，事先掌握一些情况，对将来的工作有所帮助。

有一天下午，胡兰正在玉莲家和陈大爷谈论过去村里地主、富农们的剥削行为。这时妹妹爱兰跑来告诉说，区里来了好几个干部，吕梅和石世芳也来了。胡兰想肯定有什么重要事，于是起身就要去找吕梅。她一出门就碰上了石三槐，她便问吕梅在哪里，石三槐说吕梅住在村西的空房子里。

村西的旧房子是一处破旧的老宅子，很久没住人了。胡兰找到吕梅时她正在忙着打扫。吕梅一见胡兰就高兴地叫道：

“呀！胡兰，眼好啦？我正打算待会儿去找你哩！”

胡兰笑着点点头，说：“你看，工作这么忙，还老惦记着我，我这不是大毛病。我的眼快好了，正说回去工作哩。”

胡兰说着话，就帮吕梅拾掇屋里的那些破盆破罐还有那些烂柴草。

胡兰问：“大象镇土改结束没有？”

吕梅爽快地说：“前几天就结束了，如今分了几个组，分赴各村领导土改。”吕梅停住手里的活，说：“对了，区委决定让你参加我们组的工作，也没有征求你的意见，你没想法吧？”

“看你说的，我有啥想法，听组织上的。”胡兰回答的干脆利落。

吕梅又接着往下说：“这次我们就在你们云周西村啦。”

“我早就盼着云周西村土改啦。”

接着胡兰就把这几天所了解到的一些情况——地主、富农们的动向，贫雇农们的反应等等，统统向吕梅汇报了一番。吕梅听完称赞道：“啊！想不到你已开始工作了。”

胡兰忙说：“我没做什么工作，只是了解了一些情况。”

吕梅接过话，说：“了解情况就是很重要的工作。毛主席说‘没有调查了解就没有发言权’，调查就是工作的开始，那是基础工作。”

这时她们已把屋子收拾干净了，拍了拍身上的灰尘。胡兰打来一盆水，两个人洗了手。刚收拾完毕，有个小孩子跑来叫吕梅吃饭，她俩就跟着走出了院门。路上吕梅对胡兰讲：“今天晚上要在这里开会，石世芳同志还可能和你谈话。你也回家吃饭，好早点过来。”

这天晚上，工作组开完会后，人们逐渐散去。胡兰正要走，石世芳叫住她说：

“胡兰你等一下，咱们一起走。”

石世芳扭头和吕梅交谈了几句，这才和胡兰相伴着走出来。这是农历六月中旬，村庄的夜宁静而悠然。月光如水洒了一地，纳凉的人们仿佛浸泡在水中。街上纳凉的人三五成群聚在一起，有的在抽烟，有的在扯闲话。为了熏蚊子，人们燃着麦糠火，烟雾袅袅，散发出一股淡淡的清香味道。石世芳没朝街里走，他信步向村西口走去。胡兰跟着他去到村外，走上了护村堰。他们沿着护村堰向前走去，野外满眼是绿油油的庄稼，胡兰回头看见村子像画在大地上的一幅画。远处水渠传来一阵阵青蛙的叫声，是那么清脆悦耳。

石世芳忽然向胡兰说道：“你提出的入党申请，前几天组织已开会讨论过了。”

胡兰不由得紧张起来，她不安地望着石世芳，等待他说下文。石世芳停住了脚步，说道：“党组织已经批准了你的入党申请。”

胡兰听了石世芳的话，非常激动，一时找不到话来表达此时此刻的心情。石世芳不知道胡兰在想什么，话也没有继续往下说。过了一阵，石世芳告诉胡兰：党组织考虑到她不够入党年龄，因此只批准她为“候补党员”，等年满十八岁以后再转为中共正式党员。接着又给胡兰讲了党员的义务和权利，以及党的纪律等问题。最后说道：

“现在是非常时期，村里没有党旗和毛主席像。你就朝着延安，朝着党中央住的地方宣誓吧！”

胡兰转向延安方向肃立，神圣地举起右拳头，庄严地说道：

“我向毛主席宣誓：我志愿参加中国共产党，为无产阶级革命事业奋斗终生！我坚决遵守党的纪律，保守党的秘密。努力学习，努力工作，争取做一个真正的共产党员！”

胡兰宣誓完毕，石世芳紧紧地和她握了握手，并热情地说道：

“刘胡兰同志，从今天起，你就是一名共产主义战士了！”

党组织接纳了刘胡兰，她觉得自己的生命仿佛得以重生一样，感觉像换了一个人似的，激动得热泪盈眶，一个字也说不出，只是紧紧地握住石世芳的手，久久不愿松开。

举行完入党仪式，石世芳和胡兰并肩走在护村堰上，两个人都陷入在默默的沉思中。

过了一阵子，石世芳忽然打破了沉默问道：

“你还记得顾永田同志吗？就是顾县长。”

胡兰忙答道：“当然。我一辈子都忘不了顾县长。”

石世芳感慨地说：“顾永田同志给文水人民办了多少好事啊！实行合理负担，打破旧水规，发放‘流通卷’。他为什么对穷人那么好？因为他是共产党员啊！”他不等胡兰接话，接着说：“你以为那些办法是他个人想出来的吗？不，那是党的政策，是毛主席的主意！文水劳动人民之所以能够得到那么大的利益，就是由于顾县长忠实贯彻执行了党和毛主席指示的结果！”

胡兰感慨万端地说道：“可惜顾县长早早牺牲了，要不为革命能做多少事情啊！”

石世芳深有同感地点点头说：“是啊！”

他们边走边谈，从顾县长又说到了许多在文水一带牺牲的同志。

石世芳深情地说：“为了革命的胜利，多少优秀的共产党员献出了宝贵的生命，这些同志也有像我们一样活着的理由，可是为了理想和信念，他们不惜牺牲了自己。他们永远是我们学习的榜样！我们活着的人，一定要继承他们的遗志，把革命进行到底！”

胡兰发誓说：“我坚决听党的话，将革命到底！”

石世芳说道：“对，经常要记着自己是个共产党员。不管遇到什么困难，只要记着这一条，就能有勇气战胜困难。”接着他又给胡兰谈了今后奋斗的方向，提出了组织对胡兰的希望。然后就把胡兰送到了家门口。

这天夜里，胡兰难以入睡，这是她有生以来最难忘的一天。胡兰认识到她再不属于一个家庭，属于一个村庄，她已属于人民，属于党了。她暗暗下定决心：今后一定要做一个优秀的共产党员，不管前进的道路如何曲折，她都有决心为党和党的事业流尽最后一滴血。

工作的耐心

石世芳他们来云周西村的第二天，干部们住下后，就紧锣密鼓地开展了土改工作。先是召集了村干部和村里的积极分子开了个会，再分组进行访贫问苦，发动群众。胡兰、金香和玉莲一个组，由胡兰带队。她三个分了三户较穷的人家，接受任务后，她们一合计，觉得三户人家中刘马儿家最穷，就决定先走访他。

那天午饭后，她们在一棵大树下找到了刘马儿。刘马儿头枕一块烂砖头躺在地上，手里拿着一根树枝时不时轰一下蝇子，似睡非睡在那里歇息。胡兰她们走近了，他睁眼一看，忙坐起来，接着冲胡兰问道：

"你不是害眼吗？好了？"

胡兰忙说："好了，马儿叔，我们惊你觉了？"

"没事，我只是躺一会儿。"

刘马儿年纪不到四十，可相貌却像个五六十的老头儿。瘦削的脸上皱纹满面，两只手手粗糙得像松树皮。

"胡兰，你找我有事吗？"

玉莲抢着说："你给石玉璞当长工多少年？"

"少说也七八年。"

金香接着说："我看全村石玉璞最富，你最穷。"

"这话不假。"

胡兰三个人七嘴八舌说起了刘马儿如何受苦，石玉璞如何作威作福的事。刘马儿知道她们都是村干部，又听说大象镇搞土改的事，就支支吾吾不说话，只是一个劲地说那就是因为自己的命苦。

三个人又给刘马儿说自己之所以穷是让石玉璞剥削的，要是自己有地，绝不是现在这么穷。金香启发性地说："你当了七八年长工，石玉璞就剥削了你七八年，现在我们要起来和他斗争，找他算账！"

刘马儿不在乎地说："当长工是咱自愿，这会找人家算账没道理。人家富，我不眼红，外财不扶穷人命。"

胡兰正打算给刘马儿讲一些土改的道理，没想到人家起身拍了拍屁股上的灰尘走了。

望着刘马儿的背影，金香气呼呼地说："胶泥脑袋，我要是和石玉璞那么大的仇恨，我早就找着去算账了，哪还需要人动员。"

玉莲接过话："中毒太深，都新社会了，有人给他撑腰，他还封建成这个样子！"

胡兰说："受苦太多，已变得麻木了，看来要花很多工夫做工作。"

胡兰对金香和玉莲说，到别人家去吧。说完她们三去了陈虎德家。

胡兰觉得刘马儿最是苦大仇深，发动他，就能为其他群众斗争地主富农带个好头。想到这，吃过晚饭，又去了刘马儿家。刘马儿家住着破破烂烂的房子，屋里也没几样家当，炕头铺着一张破席子，四面墙壁常年烟熏火燎都变黑了，顶棚也掉下一大块，微风一吹，哗啦着响。刘马儿不在家，他瞎眼妈也去串门了，他媳妇正忙着刷锅，刚满一岁多的儿子光着屁股刚学走路。胡兰叫了一声大婶，走进屋里，就抱起了小孩，亲了亲孩子的脸蛋。

刘马儿媳妇忙停下活，过来抱起孩子，说："看弄脏你了。"说着话，环顾了一下四周，接着说："看我家也没个坐的地方，你笑话了，要不我们出去歇息。"

刘马儿媳妇拿了两个草墩子，说门外也凉快，就到了门外。

胡兰说："大婶，你们过去住的房子比现在的要大吧。"

一句话引起了刘马儿媳妇的抱怨，她说丈夫把房子卖了，抱怨自己的命不好，嫁了个没出息的男人。正说着刘马儿回来了，于是就指着丈夫说：

“你问问他，嫁他十年了，没过一天好日子，村里女人们都没干过的活儿，我都干过，一年还吃不上一顿饱饭……”

“马儿叔，你是不是不管家呀，让婶子过得这么苦？”胡兰插嘴说。

刘马儿抽了一口烟，气呼呼地说：“天地良心，我要背着花个一个铜钱，要是瞎花了天打五雷轰。”接着他继续抽烟，好一阵，他才说：“说一千道一万，怨咱命苦。”

“是呀，命就把人制死了。”马儿婶也附和道。

胡兰听了这两口子的话，忙说：“什么命不好，谁生下来就是好命，地主家的土地和财产又不是胎里带来的。再说了，光有土地，没有咱穷人给种，就能长出庄稼，就能打上粮食？”

胡兰见两句话引起了刘马儿两口子的注意，就接着讲了命运全是骗人的，她说地主家让你干活儿，他们享受，又怕你闹事，就编出一套骗人的话，说他就是享福的命，你就是劳动的命。说着就说到了土改，胡兰讲土改就是要从地主手里夺回土地，让大家都有田种，都有饭吃，都有衣穿。

一席话说得刘马儿两口子也动了心。于是胡兰紧接着说：“咱村要土改了，区里干部都进村了，你们敢不敢同石玉璞斗争？”

马儿婶说：“随大流吧，村里人敢，咱就跟着上……”

刘马儿没等他媳妇把话说完，抢过话训斥说：“村里人都寻死，你也跟着上吊？”说完提着烟袋就走了。

胡兰见刘马儿走了，光给他媳妇宣传作用也不大，就罢了。

接连几天，胡兰、金香和玉莲走东家窜西家发动贫雇农，但收获不是很大。金香抱怨说：“与其这样东奔西走说好话，不如公家下道命令，让地主把土地财产交出来，分给穷人就行了，又省事，又快当。”

胡兰笑着说：“那样行不通，不但没好处，还有负面影响。如果群众没发动起来，地主富豪的气焰嚣张，他们不会承认他们是搞剥削。贫农们还会心甘情愿当牛做马，刘马儿不是怎么给他讲道理，他都说是命苦吗？”

胡兰眼看到金香和玉莲的认识简单，就给她俩讲了土改中要注意的问题，讲了剥削与被剥削的关系，讲了土改运动的复杂性。她俩听着，思考着。

胡兰告诉她们：“发动群众要有耐心，一次不行再谈一次，接触次数多了他们就会想通了。”

几天过去，村里陈虎德和段全熬家人的思想做通了，刘马儿的瞎眼妈和媳妇思想也有了进步。但刘马儿是纹丝不动，一个字也不吐。有天刘马儿收工回来，恰巧胡兰、金香和玉莲正从别人家出来，胡兰热情地截住他说：“马儿叔，一会儿我们吃过饭，再和你谈谈。”

刘马儿板着面孔说：“要是再谈斗争什么的，就不要去了。”

干脆利落就一句，一闪身刘马儿就走了。

三个人望着刘马儿的背影愣住了，一时不知说什么好。

玉莲把脚一跺说：“我再没脸找他去谈了，胶泥脑袋不开窍。”

金香说：“他就心甘情愿给人做长工当牛做马？现在革命形势大好，他怕什么？”

胡兰沉思了一阵：“受苦深的人，顾虑更多，我们工夫下的还不够，还得想办法。”

晚上，工作组开会，胡兰汇报了发动刘马儿的事。石世芳说：“越是苦大仇深的人，越是思想改变慢，但一旦他们觉悟了，那他就是贫农中的骨干分子。”

听了石世芳的话，胡兰打定主意，还要去找刘马儿。

第二天，胡兰悄悄跟着刘马儿上了地。刘马儿正在谷子地里锄草，胡兰叫道：“马儿叔。”刘马儿惊得一回头，看是胡兰便说：“你还到地里来了，太阳这么毒，也不怕中暑？”

“你干活整天都不怕晒出病，我来一会儿怕啥？”胡兰笑着说。

边说胡兰便蹲下帮刘马儿拔草。这次胡兰没讲土改的道理，而是拉家常。接连几天，胡兰跟着刘马儿上地锄草、出圈翻粪，刘马儿也渐渐喜欢听胡兰说那些土改的道理了，但一说到石玉璞，他就不说话了。

有天下午，胡兰跟着刘马儿在地里打掐棉花，又说到了要清算石玉璞的事，刘马儿有些情绪激动，他说：“胡兰子，说真心话，谁不想过好日子，谁想给别人当长工，受苦受累不说，受人家那气多丢人。说实在的石玉璞就是我的仇人，可我又能怎么办？又不能杀了他。”

接着,刘马儿讲起了石玉璞欺压他的事情。

刘马儿说:我家原来有三间正房,还有四亩地,当然仅靠这维持不了一家人的生活。但我年轻力壮,种完自己家的地,就去给别人家打短工,我干农活有劲,耕田种地都在行。石玉璞见我是个好劳力,就托人到我家揽长工。当时,石玉璞就有个恶名“一只虎”,我就不去。谁知那年天旱,我家那四亩地的小麦种子不够,就想种些小绿豆,结果村里其他人没有,唯有石玉璞家有,就托人去借。可是石玉璞说,要想借种不难,只要给他家当长工就行。我当时脾气犟,宁愿不种,也不去当长工。结果第二年春天,家里断了粮。当时老娘有病卧床不起,媳妇怀着个大肚子去挑野菜,结果孩子八个月就生下了,大人没吃了,孩子没奶,没几天孩子就饿死了。左邻右舍就劝我给石玉璞当了长工,先渡过眼前再说。经中间人介绍就去了,说的是我在石玉璞家吃饭,每月给八十元省银行票子,到年底再算账。结果日本鬼子打来,阎锡山的票子不值钱了,年底算账石玉璞给了我三斤豆子一篓豆面。石玉璞说白纸黑字写着,他说按契约没亏我。我说我不干了,石玉璞笑着说“三年等你个闰腊月。”没个说理的地方,全家人哭成一团。最后为了度饥荒,我把三间正房给卖了。灾荒过去了,可祸不单行,后来,老娘生病急需用钱,可哪里也借不上。又去托人给石玉璞借,石玉璞说只要给当长工就借给,鸡蛋不能碰石头,就只好答应了。老娘的命保住了,但眼却瞎了。刘马儿面对一次次沉重的打击,只得向命运低头,老老实实给石玉璞当了长工。

胡兰没想到刘马儿命运如此悲惨,气愤地说:“石玉璞太心黑了。现在有共产党撑腰,要打倒他!”

可刘马儿叹了口气说:“你经历的世事少,做人的难处你还不知道,斗争好说,可弄不好,就砸了饭碗,我一家就要喝西北风了!”

胡兰说:“你不用担心,斗倒地主,把土地要回来,你就有自己的地种了,日子就会好过啦!”

“你年轻,石玉璞不是那么容易斗倒的!”

胡兰好奇地问:“为什么?”

“人们常说,朝里有人好做官。”

胡兰听糊涂了,也不知石玉璞还有什么关系,刘马儿这么说,胡兰说："那怕他与阎锡山是舅子老表也要斗他，不用怕。"

刘马儿说："胡兰子，我实话给你说吧，人家石玉璞在你们干部中有人，你想还能斗倒他？"

胡兰听了刘马儿的话，非常吃惊，但问他这个人是谁，刘马儿不肯说，只是叹气。胡兰觉得这个情况十分重要，就再三追问，但他还是不肯说。胡兰想了想，回忆起村里人传说石五则与石玉璞有来往，可没有根据，也不敢肯定。于是胡兰就试探说："你是说石五则吧？"

刘马儿点点头，问道："你们早知道？"

胡兰为了打消刘马儿的顾虑，就说："石五则我们党组织早注意他了，现在还没处理他。"

刘马儿听了脸上稍轻松了些，说："前天夜里，石玉璞还把石五则叫到家里喝酒哩。昨天，石玉璞又叫我给石五则送去了一大刀肉和点心。石玉璞看来也心虚，他指着我鼻子说：'你要敢把这事说出去，我割了你舌头！'"

胡兰听了刘马儿讲完，气得脸色铁青，气愤地说："革命队伍里又出了败类。"

刘马儿又讲了石五则保护石玉璞的许多事。最后有些担心后悔地说："你看我的嘴就是不紧，把事都给你说了，我看自己的日子会更倒霉了。"

胡兰说："马儿叔，不要怕石五则保护不了石玉璞，只要你敢站出来与他斗争，群众支持，干部们支持，石玉璞迟早就要垮台，他作威作福的日子长不了。"

说完，胡兰站起来就要走，她警觉到这情况事关重大，应该马上向工作组汇报。她立即去找石世芳。

原则面前不让步

胡兰在工作组住的地方,没有找到石世芳,倒是碰上了玉莲她哥陈林德。陈林德通知说晚上开会叫她参加。

晚饭后,胡兰跑步到了工作组。工作组住处,除了区上来的石世芳、吕梅、陈德林,还有村里的几个干部。会议还没有开始,大家随随便便说着话,话题是访贫问苦的一些情况。

不一会儿,石五则也来了,随便挨着胡兰坐下来。石五则来之后,人就到齐了。石世芳扫了一眼在座的各位,说:“人来齐了,我们现在开会。今天开的是党员干部会。”话音刚落,屋子里的人把眼光齐刷刷投向了胡兰,并有人窃窃私语。石世芳忙补充说:“对了,忘了给大家介绍,胡兰是最近入党的候补党员。”

石五则忙说:“我早就看出胡兰是个好苗子,组织上培养太及时了,我们党又增加了新鲜血液。”说着,石五则把目光投向刘胡兰说:“这可好了,今后工作又多了同志,胡兰我们可要一起好好干哟。”

有人附和说:“是的,胡兰是个好同志,人小觉悟高。”

胡兰听到石五则的话,也没理他。

会场上很快安静下来,石世芳说:“根据目前大家工作的进展看,发动群众工作已经差不多了,虽然个别贫雇农的觉悟还不够,这因为大家的观望情绪,还有这样或那样的顾虑,我想如果我们下一步工作开展起来了,群众会在斗争中慢慢跟上。三五天之内,我们要召开贫雇农会议,造声势,扩大队伍,转入清算斗争。今天党内开会,先初步研究一下斗争对象,群从发动起来后,好立马开展斗争工作。”

石世芳话音未落,众人就吵嚷开了。

有的说:“这不是明摆着的,第一个就应该斗石玉璞。”

有的说:“不用研究,哪个罪大就斗谁。”

有人说:“捉贼先擒王,如果把石玉璞威风打下去了,别人就好办!”

石五则不紧不慢地说:“依我看,斗争不能只是弄得轰轰烈烈走形势,关键要看我们斗争会出什么样的结果。我看要斗得先斗段占喜。”

“怎么? 放过大的斗小的? 放过富的斗穷的?”

石五则说:“按名望该斗石玉璞,但据我所知,石玉璞徒有个虚名儿,他家地是多,但出项多,家里没什么值钱东西。而段占喜是乌龟有肉在壳里,能斗出东西来。”

陈德林一听,有些生气说:“按你这样说,石玉璞家里什么也没了,那他是个贫农了。”

石五则不动声色说:“我又没说他是贫农,我说是实际。斗他半天,没有弄出点油水,你不是白斗了一回……”

话还没说完人们就议论开了。石世芳和吕梅从石五则的话里听出了问题,他俩小声交换了一下意见。石世芳说:“大家别吵,让石五则把话说完。”他又对石五则说:“五则,你把话说完,我们再议。”

石五则见石世芳支持他把话说完,于是提了提神说:“我理解闹土改,就是要咱贫雇农翻身。斗那些空架子地主,斗了半天,除了几亩地,就弄不出别的什么,你们说斗他有什么用? 而段占喜要粮有粮,要钱有钱,在村里与贫雇农关系也不好,还不该斗他。”

陈林德激动得站起说:“土改是要打倒地主剥削阶级,不是乱斗争,石玉璞出租放债,雇短工雇长工,不劳而获。而段占喜人家是自己下地劳动,富是富了点,可没剥削人。这是两码事。再说了,十个段占喜也顶不了一个石玉璞呀,这是大家都知道的。我不知道你为什么要为石玉璞说话?”

话说到痛处,石五则就火了,他大声说:“谁说我替他说话,我是他什么人,不沾亲不带顾,我是他儿子还是孙子,我要替他说话? 我说的就是事实,你为什么要为段占喜说话?"

石五则话一完,激起了公愤。

有的说:"段占喜就是个富裕中农,怎么能不按政策办?"

有的说:"你和段占喜有个人恩怨,但不能公报私仇?"

有的说:"我看你是好坏不分,包庇地主!"

石五则强词夺理地说:"你们不要乱扣帽子,革命要讲民主,不能剥夺我的权利?"

吕梅说:"谁剥夺你权利了,这不是让你说嘛,你有权利发表意见,别人有批评的自由,也不能不让别人说话,一点党性也不讲。"

"随随便便就说我包庇地主? 这是污蔑!"石五则大声嚷嚷。

因为是第一次参加党员会,看到会议后气氛又紧张,胡兰一直没说话。刘马儿告诉她关于石五则的事,她本只想给石世芳和吕梅汇报,但是她听到石五则胡说八道时,她很恨他,特别是她听到石五则说党员们在污蔑他时,刘胡兰忍不住就站起来,面对石五则问道:"我问你,六月十一日晚上,石玉璞给你送什么啦?"

"你不要胡说,这是党员会,说话要负责。你不要没根没据胡说八道!"石五则有些急红了眼。

他的话是想压制胡兰,可胡兰一气说出了刘马儿给她讲的那些事。

刘胡兰说完屋里空气像凝固了一样。有的惊奇,有的愤恨。

石五则向地上"呸"了一口唾沫,恶狠狠地说:"纯粹造谣,你看见过,你抓住过?"

石五则一声比一声高,唾沫星子乱飞,好像要一口吃了刘胡兰。

人们气愤不过,就和他吵起来,顿时会场变成了战场一样。

石五则恼羞成怒,冲着在座的人吼道:"这哪是开会,这是斗我,老子革命这么多年,你们不信我,就信一个黄毛丫头的话,我他妈的不干了!"

说完,石五则就走了,石世芳叫了几声,也没叫住。

石五则走后,石世芳又问刘胡兰这话可靠不可靠,胡兰说可靠。接着其他干部又揭露了石五则常去二寡妇家,石玉璞也常去二寡妇家，还有人碰到过他们一起喝酒。有的说他在云周西村散布没地主，地主都是空架子，土改没意思。

但还是为了慎重考虑，石世芳又叫人找来了刘马儿，进行了当面询问。果然事实与刘马儿说的一样。石世芳感到石五则离革命队伍越来越远了，他意识到问题的严重性，石世芳说领导干部中出现了这样的问题是他没想到的，不弄清问题，群众就不好发动，斗争就不能继续，于是与大家研究，要先弄清石五则的问题，会后工作组分头去调查石五则与地主的关系。

经过几天调查，刘马儿说的情况属实，石五则还接受过石玉璞一百二十多块大洋。石五则还拉拢落后群众，要在土改斗争中替石玉璞开脱罪责，混淆是非，转移斗争目标。

石世芳和吕梅把这些情况汇报区委，区委认为石五则已蜕化变质，叛变革命，开除了石五则党籍，撤销了他农会主任职务。胡兰在这次党员大会上不畏强权，坚持原则的行为受到同志们好评。

无悔的选择

文水县土地改革胜利结束了。不久,蒋介石发动了全面内战,调集大批军队,准备进攻延安,山西主力部队被调到黄河西部去保卫延安,保卫党中央。当时,阎锡山部趁我军主力部队调走之机,调兵遣将,企图围剿革命根据地。云周西村一带的形势一天比一天紧张起来,阎锡山的七十二师的二一四、二一五、二一六三个团,先后开到了文水境内,在孝义镇、开栅、石侯等地安营扎寨,修筑工事,习武练兵,对解放区虎视眈眈,随时有大举进攻解放区的可能。

这个时候,区里干部忙乱起来,分头去各村动员群众,进行备战。过去刘胡兰常跟吕梅去工作,现在人手紧张,也只得单枪匹马去行动。她去了这个村,又忙着去那个村,整天马不停蹄。虽然她在区里分管妇女工作,但现在她每到一村一切工作都要插手,连交公粮搞水利村干部都要请示报告她,忙得焦头烂额,不知早晚黄昏。

1946 年 11 月初,胡兰去保贤村协助村干部动员新兵。原打算住几天,没想到工作进展顺利,头天去第二天就完成了任务。回到家已经天黑了,妈妈告诉她吕梅说要派她到西山工作。胡兰听后以为组织又要送她去学习,高兴极了。

刘胡兰听说吕梅来过村里,她想吕梅在信贤村参加县里召开的会议准是完了,肯定有重要决定。于是,她喝了两口水,想在村里转一转找吕梅了解一下会议内容。正要往外走,妈妈叫住了她,说:

“你是要去找吕梅？她说她今天晚上住到大象，明天上午不来下午来。她让你在家等她。”

胡兰就再没走，而是从身上掏出个破笔记本和烂水笔，凑在如豆的油灯下想把动员新战士的经验总结一下。可是她静不下心，她老想去山里的事，她太向往山里的老根据地。她在想派她去山里去，肯定是去学习，她听说过根据地里有学校专门培养一些年轻而文化水平低又缺少工作经验的地方干部。她想要是学习两年，那该多好哇！胡兰越想，心里越是激动，好像她马上就要去老根据地学习一样。妹妹爱兰在一旁一个劲的问她山里有没有狼，山里人吃什么，山里石头多大，开始她还回答她，问烦了，她说：“我也没去过，谁知道呢？”

第二天早饭后，胡兰打算到大象镇去找吕梅，一来可帮她工作上的忙，二来也可以听她传达上级会议精神。胡兰走到村口时就看见吕梅骑着自行车来了。两个人见面后坐在村边的一块石头上就谈起工作来了，胡兰先向吕梅汇报了在保贤村动员新战士的情况。吕梅传达了信贤会议精神。吕梅把当前时局作了分析，她说阎锡山已准备在这个时候对文水平川革命同志进行屠杀，以图摧毁民主政权和党的组织，所以斗争形势更加严峻。为了应对这场残酷无情的斗争，县委根据地委的指示和要求，准备把县、区、村各级机关进行整顿，抽出一些有武装斗争经验的人组织成武工队，挑出年轻力壮的人留下来工作，其余老弱病残和名声很“红”的干部，一起转移到山上老根据地。区委根据实际情况，对全区干部进行排查，确定了去留人员。区委考虑到石世芳目前重病在身，刘胡兰年轻，所以他们转移到山上。

胡兰听完吕梅的话，她想组织上叫她上山不是学习，主要是把她保护起来，但想到形势如此严峻，斗争越来越复杂，留下来的同志担子更重了，自己要是上山了，再也不能帮助工作了。想到这，她抬头望着吕梅说：“我还是留下来吧。我身体结实，能跑能跳。虽然我工作能力不大，可是干不了多的少的能干。再说形势这么紧张，更需要有人做工作。”

“胡兰，既然组织上这样安排是有道理的，你要知道后来的环境越来越恶劣，斗争越来越残酷，敌人的势力越来越强大。区委考虑你年轻，斗争经验也少……”

胡兰不服气地说:“谁都是从年轻长大的,再说你不是常说要在斗争中锻炼吗?”

“可你还是个年轻闺女呀……”

“你也不是老太婆呀!”胡兰笑着说:“吃苦我不怕,你能坚持我就能坚持。再说我对这一带熟悉,这是开展工作的一个有利条件。”

吕梅说了半天,也没有说服胡兰。后来只好说:“你的意见也值得考虑。不过这是区委的决定,我自己不能擅自改变。你的意见,我转给区委,再做商量。”

下午吕梅回到了区公所,王书记在炕头擦枪。王书记见吕梅回来了,就问:

“你和他们都谈过了吗?”

“都谈了。其他同志都同意区委决定,就是胡兰有些意见,她要求留在村里。”

“为什么? 舍不得离开家?”

“不是?”

“你是不是没有把当前的形势给她讲清楚?”

“讲清楚了!”

“那她为什么要留下?”

吕梅把胡兰要求留下来的理由给王书记说了一遍。王书记惊喜地说道:

“想不到! 胡兰虽然是一个新党员,在要紧关头能从大局着眼,从党和人民的利益出法想问题,不计个人得失和安危,真不容易,了不起!”王书记又回头问吕梅:“你的意见呢?”

吕梅说:“我觉得胡兰的意见有道理,可以考虑。”

王书记说:“是啊,是有道理。晚上区委开会,我们将胡兰的意见上会讨论一下。”

当天晚上,区委开会在研究完其他事项后,最后王书记提出了胡兰的请求。大家听了后对胡兰的行为表示敬佩。通过认真研究,认为胡兰虽是区里干部但仍还兼任村里干部,留在村里工作人熟地熟,便于工作;她刚入党,只是在少数党员中知道她的党员身份,其他人还不知道,不会引起敌人注意;胡兰是自己主动要求留下的,说明了她的决心和信心是十足的,组织上要充分信任她;同时也考虑到留下来的人本来就不多,多留下一个党的力量就会加强。就这样会议决定批准刘胡兰留下坚持工作。

吕梅再次来到了云周西村时,见了刘胡兰,告诉胡兰区委决定她留下来。胡兰微微笑了笑,知道这是党对自己的信任,也明白这是一副沉重的担子,她心里很激动,一把握住吕梅的手,双眼饱含深情,坚定地说:“我一定要把工作干好!”

情况越来越紧张。决定转移到山上去的同志陆陆续续都走了,最后石世芳也要走了。石世芳走的那天,胡兰为他送行,他躺在担架上,拉着胡兰的说:“胡兰,现在的环境已不同从前了,我们走了你的担子更重啦,任务更加艰巨。工作中起来要讲策略,既要把工作做好,又要隐蔽自己的身份,巧妙同敌人斗争。”

胡兰点点头,坚定地说:“世芳叔,你放心走吧。”胡兰笑了笑又说:“你要养好病,等我再见到你的时候,你从担架上下来了。”

石世芳被人抬着上路了,走出不远,他回头对胡兰喊道:“工作要小心点!”

胡兰没有回答他,此时此刻胡兰被革命同志之情深深感动,激动地说不出话来。

临危不惧

自从石世芳那批干部上山以后，形势更严酷了。敌军提出了“水漫式进军解放区”，文水平川除了原先驻扎的七十二师外，敌人又调来了三十七师一部分，外加保安一团和保安六团。11 月驻在平遥的四十四师、驻在汾阳的七十四师，也向文水平川洪水般漫过来。

吕梅和胡兰当时主要是到各村督促检查备战工作，动员群众埋藏公粮，安排地下斗争。头几天来来往往还是在白天活动，和区上的同志还能取得联系。可敌人逼近时，各组织的同志只能东躲西藏，穿敌人的空子工作了。阎匪军的到来给当地的恶霸地主、特务分子、地痞流氓撑腰，他们互相勾结，成立反动武装，搜查革命干部，欺压百姓，作威作福。胡兰和吕梅白天躲在野外，晚上才能回村联系村里干部，了解情况，研究办法对付敌人。

1946 年 11 月 15 日晚上，胡兰和吕梅到了贯家堡。她们进村后，直奔农会秘书李宝荣家。拐了两三个胡同，就找到了。黑灯瞎火，怕弄错了地方，吕梅看看了门洞，又仔细看了门框和门上的锁环，上前轻轻地敲了几下门，门开了。李宝荣突然见来了两个区上的女同志，又惊又喜，关切地说：“哎呀，情况这么坏，你们还没上山？一定是从野地里回来的吧，天这么冷，快先到炕头暖和暖和。”

李宝荣老婆一见来了人，也没多说话，忙着烧水做饭。李宝荣笑着问吕梅：

“你们是来检查备战工作的吧?”接着他汇报了情况,他说村里公粮、账簿都埋藏了,地下斗争的一套人马也配备齐了,应该撤走的干部都已打发走了。

吕梅问他:“为什么你还在这里?”

李宝荣笑道:“老实坦白说,我就没打算走,匪军还没来,村里地主富农都挺着胸脯走路了,我要走了,群众情绪会受影响啊!”

李宝荣五十来岁,一条腿有点跛。他是抗日时期的地下党员,多年来一直担任农会秘书,并兼任党支部书记,是个对党的事业忠贞不渝的好同志。他家就四口人,一个儿子和一个小女儿。儿子已是共产党员,是村里的民兵。老婆韩桂英也是老党员,多次去侦察敌情,送情报。这一家人可算是有名的革命家庭。

虽然说家里人都革命,但吕梅还是担心他的安危。吕梅对李宝荣说:“坚持工作重要,但是保存革命干部也重要,还是早点上山好。”

李宝荣坚持说:“敌人来了就出去躲两天,如果在村里待不住了就带民兵去打游击。总之能坚持住。”

李宝荣谈笑风生,根本没把个人的安全当回事。可他知道吕梅和胡兰现在已和区上失去了联系,就着急了。他想了想说:

“情况这么坏,你们不能到处跑,太危险。你们住我这里,我先派人去打探一下,看是否能与区上取得联系,等联络好了,你们再走。说老实话,你们是区干部,你们不像我,我就是个村干部,就是敌人抓住了我,关系也不大。我就管这点事,敌人也不能把我怎么样。”

李宝荣几句话,说得胡兰和吕梅心里暖融融的。吕梅和胡兰想:什么是同志之情,这才是真正的同志之情。

李宝荣招呼吕梅和胡兰吃了饭,便说:

“今晚就住在我家,反正我爷俩也不在家睡觉。这几天,我和民兵巡夜,晚上不睡白天睡会儿。”说完披上一件皮袄一跛一拐地走了。

李宝荣走后,李大嫂就给吕梅和胡兰拾掇床铺,安顿她俩睡下。鸡叫时分,胡兰忽然被一阵低低的讲话声惊醒了,睁眼一看,原来是李大嫂和吕梅说话。吕梅也是刚醒来,还在揉眼睛。她一边穿鞋,一边问:

“听得清楚吗?”

李大嫂说："不真切，隐隐约约能听见。"

胡兰急忙爬起来，问道："怎么？有情况？"

"说不准，刚才听到村子南面打枪了，响了好几阵。"

吕梅一面从枕头下摸出枪，插在腰间，一面对胡兰说："收拾东西，我到外面看看。"

胡兰收拾东西，李大嫂捅开了火烧水，一面骂道：

"唉，这个卖国贼，打日本他不出一兵一卒，如今太平了，他就祸害老百姓。害得黑天白夜不安生，睡个觉都不安稳。"说着连连打了几个哈欠。

胡兰这才看见，小孩子睡着了，李大嫂那个铺盖卷没有打开。胡兰明白了，李大嫂一夜守着她们就没睡。胡兰心里好感动。

这时，胡兰听见院子里传来一阵沉重的脚步声。李大嫂忙向窗外问道：

"谁？"

"我，还有老李。"

李宝荣和吕梅回来了。李宝荣脸冻得通红，胡子上结着白霜。他一拐一拐地走到炉灶前，边伸出两只大手烤火边说道：

"我派出去的人找了好几个地方，没有找到区上干部，有人说前几天见过，现在不知转移到哪里去了。"接着他不安地说："情况不好，刚派出去的人说，敌人半夜过了河，现在住在胡家堡做饭吃，不清楚要干什么？"

听说敌人临近了，屋子里的气氛也紧张起来。李大嫂急得团团转，拍着手说："敌人离这里只有七八里地，抬腿就能来，这可怎么办哪？"

李宝荣见老婆沉不住气，大声说："怕什么，敌人又不马上就来。"

吕梅想了一会儿，问李宝荣："你说敌人到胡家堡是要扎据点，还是有别的什么阴谋？"

"这事不好说。半夜，文水和交城成立的那个联合武工队来了两个侦察员，我给他们派了两个向导向前边去了。刚才打枪，也许是和敌人哨兵交火了。"

吕梅听李宝荣有侦察员，忙问："你没问他们这队伍住哪个村子?”

李宝荣说:“听侦察员讲他们住在南白家村。”

“我看,我们已和区里失去了联系,不如跟着这支队伍,肯定要好活动些。”

李宝荣说:“这也是个办法,那就行动吧。”

吕梅和胡兰要走,李大嫂忙给包了几个干饼子塞进胡兰的包袱里。李宝荣说给派两个民兵送一下,吕梅谢绝了。李宝荣一直把她们送到了村外,指给她们去南白家庄的道路。

虽是初冬,但天气十分冷。天快明了,可夜色更暗。天空没有星星,四周也看不到一线灯光,到处黑洞洞的,多亏前几天下过雪,现在还有残雪没有消融,借着雪光,勉强认得清道路。吕梅前半月走过,对这条道路倒是不太生疏,所以两人走得还较快。

夜静得让人害怕,很远就能听见汾河的流水声。胡兰和吕梅偶尔还听见铁路上火车的鸣笛声,看得见车头灯像萤火虫似的,她们知道那是阎锡山在调动队伍的兵车。

她们谁也没说话,只顾赶路。

她们快走到南白家村时,天已亮了。在村外,吕梅停下了脚步。她们向村里打望了半天,望不见一个人影。吕梅说:“怎么不见队伍的哨兵呢?”

情况太复杂,她们不得不小心从事。吕梅和胡兰坐在土堰上,一边休息,一边等看村里有没有人出来好问问情况。可是等了好一阵,还是不见有人出村。吕梅把小包袱递给胡兰说:“我去村里看看,你在这里等着我。”

胡兰不想让吕梅一个人去冒险,争着要一块去。吕梅说:“两个人都去,要出了事,损失不更大吗?再说这村里的大小干部我都认识,有情况,也好处理。”说完就大步流星的向村里走去。

吕梅走了不多久,就听村子北边响起了一片枪声。枪声越来越密集。胡兰不由得吃了一惊,忙站起来向村中张望,看见有人在街上奔跑,接着有人跑出了村子。跑出来的有男有女,有的提着包袱,有的拉着小孩,有的扶着老人。胡兰忙上前打问,人们边跑边说阎匪军来了。胡兰听了,心里急得直跳。她想到了吕梅,就不顾一切往村里跑去,没跑多远,迎头碰上几个逃难的群众,内中有个老汉拉住她,训斥道:“你找死呀,还往火坑里跳?”其他人也纷纷告诉她敌人进村了,劝她赶快走。

胡兰只好转身跟着人们往回跑,躲到一片坟地里。喘息未定,胡兰急忙向躲在坟地里的人打听吕梅的下落,可谁都说不清楚。胡兰急得不知道如何是好,她爬上一个最大的坟头上,两眼不眨地望着村庄,她多么希望吕梅这时就从村庄里跑出来啊!可是望了半天,脖子都望酸了,也不见吕梅的影子。胡兰失望地坐在石碑的基座上,一会儿她还是忍不住,又爬上坟头,向村庄望去,她这次看到了村边站上敌人的哨兵了,胡兰心里不由得凉了半截。这时,她还看见从村南边开来一批队伍,虽然离得远看不真切,但从服装的颜色看那也是阎匪军。紧接着西边大路上也发现了敌人。这两股敌人互相用军号进行了联络,随后都向南白家村奔跑,对南白家村形成了合围之势。看来敌人是想消灭武工队。后来两股敌人进了村,一会儿就从村里冒起了股股浓烟,但不知道敌人是在烧房子还是在烤火。

大家躲在坟地的树阴里,不敢乱动,怕引来了敌人。太阳当顶,村里的敌人也不见行动,恐慌中胡兰感到自己肚子有些饿了,她才想起自己走了半夜路,直到现在还没有吃东西。她解开包袱,拿出李大嫂给她们的干饼,刚咬了几口,周围一圈孩子眼巴巴地望着她,虽然没有伸手问她要吃的,但她知道是想吃了,于是就把几个干饼全拿出来分给了孩子们。胆战心惊的大人们虽没说一句感谢的话,但都投向她钦佩的目光。

半下午,有个拾粪的老人来到这里,说敌人保安六团驻进了村子。胡兰问他看见一个大个子外村妇女没有,他说混在人群里跑了。

大家分析了老汉说的情况,有些年老年少的准备回村,他们想敌人也不能把他们怎样,有些青壮年人在外村有亲戚的就去投奔亲戚了。胡兰考虑了好久,决定先回云周西村。

铁肩担重担

胡兰从坟地走到村云周西村口的时候，天已经黑了。她不清楚村里的情况，也不敢贸然回家。她站在村口想了想，然后就绕着护村堰向南走，一边慢腾腾走，一边机警的观察村子里的动静。走了没多远，忽然看见前边有个人影，不时弯腰拾东西。胡兰立时收住了脚步，爬在了护村堰的土坡上，以免那人看见了她。细细看了半天，这才认准了那人是张年成，紧张的心才平静下来。张年成的情况胡兰是知道的，年轻时游手好闲，当村里驻了八路军时，他非要参军，当时部队看他决心很大，就同意了。参军几年经过在部队锻炼，烟酒都戒了，对人也有礼貌了。后来战斗负伤落下残疾，转业回到村里，村里给调剂了几亩地，庄稼也种好了。

刘胡兰走近他，低声问："年成哥，村里情况怎么样？"

张年成抬头见是胡兰，忙说："没舍情况，前两天匪军来过两次，听说只是在大象驻下了一个营，还有个机枪连，其他村还没有敌人。"

胡兰听他这么说，才放心的走进村里。到了家门口，大门紧闭，她拍了几下。屋里传来她爹的声音：

"谁？"

"是我！"

大门"吱呀"一声打开了。胡兰走进去，爹四处又张望了一下，慌忙关上门问道：

“你怎么这时候回来啦?”

胡兰没有解释,只是“嗯”了一声,便走进了西屋里。

爱兰一见姐姐回来,高兴得眼睛发亮。她一下扑在胡兰身上,抱着胡兰,“姐姐、姐姐”叫个不停。妈妈又惊又喜地问道:“这几天你在哪里呀?我和爱兰常念叨你。”

胡兰有气无力地说:“在贯家堡一带,有什么吃的东西没有?”

胡文秀见女儿说话少气缺力的样子,知道是饿坏了。可家里没有现成吃的,于是连忙收拾做饭。她边洗手和面,边向胡兰讲:

“你走的这几天,匪军来了好几回。有一天来了上千人,家家都住满了。他们明抢暗偷,打人骂人,跟日本鬼子差不多。”

胡兰也正想了解村里情况。她接过爱兰递来的一碗水,边喝边问:

“匪军在村里抓人没有?”

“那倒还没有。不过,这几天在大象的匪军三天两头到村里要吃的,要花的,只要他们需要就拿走。”

正说着,大伯从外面回来了。大伯一见胡兰就说:

“你怎么现在回来了,这日子简直没法过啦!”

他说着坐在箱子上,把石玉璞家女婿——大象的恶霸地主吕德芳,纠集了一伙地、富子弟和流氓地痞,组成了“奋斗复仇自卫队”,整天领着这伙地主武装,在附近村里为非作歹,还有匪军把石佩怀委任为云周西村村长等事给胡兰说了。

大伯叹了一阵气,他气恨恨地说:“眼看天下变成匪军的了,你说我怎么办?”他不等胡兰说话,又接着说:“我向石佩怀说不干了,他说这么多年你都干了,你现在不干,是什么意思?要硬不干,这些人肯定要和我翻脸。可是不辞职,我就逼着给阎锡山办事,那不成了反动派!”

大伯越说越有气,好像与人在吵架。

妈妈和爱兰把饭做好了,胡兰狼吞虎咽的吃起来。边吃边想大伯的事,胡兰知道村里留下了我们的地下党,还安排了暗村长,可公开的敌人政权里面却没有我们的人。她忽然觉得这是个漏洞。如果敌人里有我们的人,那工作起来就方便多了。想到这忙向大伯说道:

“大伯,依我看,闾长你还干着。”

大伯气呼呼地说:“什么?这是你们区干部说的话?让我给阎锡山干事,跟着敌人祸害老百姓?这不是坏良心吗?”

胡兰没有吭声,等大伯火气下去,她才说:

“你要硬不干,石佩怀不会放过你,再说要是换上一个坏人,跟敌人一起干坏事,那不是正好帮了敌人忙?”胡兰见大伯听的很认真,接着说:“咱们的人并没有真正离开这一带,万一哪天打回来了要吃饭,找谁去?找石佩怀?”

大伯没有吭声,好一阵才说:

“我怎么没想过这层意思。”大伯有些服气了。

胡兰说:“日本鬼子统治的时候,你当闾长,可没有替他们干事,群众看得见,所以后来也没人说你是汉奸,对不对。这说明,你只要不干坏事,人们就认你。依我看,你还要表面与石佩怀套近乎点,才能更好地为革命多做些工作。”

大伯服气地说:“看不出,你当了区干部,看问题透彻多了。”接着他又问胡兰:“我们的大部队多久能回来”

“总有那一天。”

大伯关切地说:“你打算怎么办,还走不走?”

胡兰告诉他不走了。大伯说:“那要小心,白天不要出门。”说完,提着烟袋走了。

奶奶死后,大伯就成了刘家当家人,什么事都要听大伯的。今天大伯辞闾长的事却要和她商量。胡兰觉得大伯不是和她这个侄女来商量,而是觉得她是区上干部,是向上级领导讨主意来的。胡兰意识到老百姓没有了党的领导,问题有多么严重,自己虽然是区里的一个妇女干部,可此时在没有其他领导人的情况下,她就要对革命负起责来,想到这些,胡兰觉得自己的责任非常重大。

胡兰吃完饭,把带回来的文件收藏好以后,又去北屋看了看爷爷和大娘。看天气还早,便决定趁黑到村里找找自己人,了解一下村里的情况。她决定先去郝一丑家。

郝一丑是抗日时期的地下党员,暗里做过不少工作。但从来没让他担任过公开职务,一般老百姓还当他是个普普通通的老百姓。

在敌人“水漫平川”之前，村里“红”了的干部都撤走了，组织上决定他当暗村长，领导云周西村的工作。胡兰知道郝一丑是村长这事，是她入党以后。

这天晚上，胡兰走到郝一丑家的时候，只见大门虚掩着，往里一推，门铃“叮当”响了两声，屋里有人问道：“谁？”胡兰应了一声就走进了北房。房里除了他们夫妇俩，石三槐和石六儿也在这里。小孩子们已经睡了。他们几个人围在灯下剥棉花桃。见进来的是胡兰，很高兴，热情的让胡兰坐到炕头。问她从哪里来？什么时候到家的？胡兰都给他们说了。郝一丑冲媳妇努努嘴，老婆就去把大门关上了。他们几个没等胡兰问他们，就你一言我一语抢着讲开了村里的情况。他们讲了成立地主武装，也讲了石佩怀当了村长。这事胡兰虽知道，但他们讲得更详尽。

石三槐说：“石佩怀可抖起来了，吃香的喝辣的，仗着匪军的势力，欺压老百姓。在街上公开拍着胸脯叫嚣：‘凡是给八路军办过事的人，只要到我名下投案，我石某人担保……’”

郝一丑打断他的话说：“要紧的是，这家伙威胁干部家属。要各家赶快把人从外面找回来，或是告诉他们去了什么地方，只要给他透个风，他就保证身家财产不受损失，否则他就报告给国军。”

石三槐接着说：“这个狗杂种，前天威胁照德家说：‘别看你是村长，只要我说你是八路军的人，就够你吃喝的。这杂种你说坏不坏？”

胡兰听了非常气愤，她觉得这个情况非常重要。她又问石佩怀威胁过谁，他们又一一说了。他们还念叨，去了谁家，说了什么话。数来数去，石佩怀去过八家，差不多凡是转移走了的家属家他都去了。就是没去过胡兰家。

“为什么不去胡兰家？”

“大家在猜测，石佩怀肯定认为胡兰是个年轻闺女家，给八路干点事，看匪军来了就怕事躲藏起来了，他也不放在眼里。”

石六儿说：“他没想到，胡兰现在就在村里。”

胡兰问：“石玉璞怎样？村里那些地主富农有什么动静没有？”

石三槐分析说：“表面上看不出来，石玉璞是个老滑头，整天在家不出大门。”

郝一丑接着说："俗话说，咬人的狗不露牙！反正他有女婿替他打天下，他肯定在背后当军师。"他抽了几口烟，接着说："还有刘树旺走了，究竟去哪里了，想干什么？如今还不知道。"

胡兰说："表面上还平静，还不清楚情况还要怎么变化发展，大家要提高警惕。"

石三槐说："目前看，石佩怀是个问题，不清楚有他会出什么乱子？"

胡兰问郝一丑："这些情况给区里汇报没有？"

郝一丑吞吞吐吐地说："这个……这不是正好你回来了，你看怎么办？村里好多人要求镇压石佩怀！"

石六儿说："依我看趁早把这狗日的悄悄收拾了，要不日后非得出大事不行。"

胡兰坚决地说："那可不行。不经政府批准，咱们不能乱来。"她又对郝一丑说道："我看需要把这些材料赶快整理出来，报到区上，看看区上的意见再说。"

郝一丑"嗯"了一声，点了点头，没有再说什么。

这天晚上，胡兰在郝一丑家谈到二更天才离开。临起身，郝一丑说要送她。胡兰猜想他一定有什么话要说，就点了点头。两个人相随出了门。路上，郝一丑低声说："你让我向区上汇报，找不着他们啊。"

接着他说地下交通员也没来过。也不知道区公所是撤走了，还是出事了。郝一丑最后问胡兰：

"区上情况你大概知道吧？"

胡兰没有吭声，叹了口气才说："我也和你一样，找不着区上的干部。"接着她先把和区上失去联系，后来又和吕梅被敌人冲散的事说给了郝一丑。

黑暗中两人默默地走着。夜很静。村子里死气沉沉。

郝一丑突然说："你说吧，该怎么办？你怎么说，我怎么做。反正我听你的！"

胡兰不好意思说："一丑哥，看你说的。"

郝一丑认真地说："你别多心，论年龄，我比你大，论入党我比你早。可不管怎么说,你现在是区上的人,特别是在这种情况下,你就是上级。”

胡兰想,在目前的情况下,一不注意,任何小的错误就有可能给党造成重大损失。自己怎么负得起这么大的责呢?可转念一想,觉得这又是义不容辞的事。一个党员在困难中,就越是要挺身而出。就是千斤重担,也要挑起来!

这时他们走到了胡兰家门口,两人话还没说完,又说了一阵。最后决定一方面在村里继续坚持工作,注意敌人动向,收集石佩怀的材料;一方面派人去探听区公所在什么地方和吕梅的情况。胡兰觉得石三槐当了多年村公所的公人,在外面眼熟,虽不是党员,但忠厚老实,最后把这个任务给了他。郝一丑也认为这样可行,就决定了。

第二天上午,胡兰去看金香。金香见胡兰回来了像找到了主心骨,于是,胡兰要求金香第二天与自己装着去串门,分头访问一些人家,收集村里情况。经过几天访问,很多人要求除掉石佩怀,特别是那些干部家属都担心石佩怀翻脸坑害人。在访问中胡兰发现一个更重要的情况:石佩怀在暗里打听公粮藏在什么地方。看来这家伙要死心塌地为敌人卖命。

这期间,胡兰和郝一丑暗中接过几次头。把这些情况汇总在一起,写成了材料。这时石三槐也打听到了陈区长的下落,他带着武工队在南面一带活动。胡兰和郝一丑研究了一下,决定由郝一丑带着材料,假借走亲戚,到区上去请示。过了两天,郝一丑回来了,材料陈区长也看了,但说他无权处理,要等县里指示。陈区长还给胡兰写了一封信,叫她留在村里工作,做好对敌斗争。

黎明前的枪声

1946年12月21日，是一个令云周西村人振奋的日子。那天晚上胡兰和妹妹正在灯下补衣服，石六儿来了，对胡兰爷爷说要借条口袋用用。石六儿一向不上她家借东西，今天来的突然，胡兰想没准有事打着借东西的幌子，专来找她的。于是，胡兰点燃纸灯笼，对妹妹说："爱兰，你把灯提过去，给爷爷照着，让爷爷找口袋去。"爱兰提着灯向爷爷走去。

支走了爱兰，石六儿见眼前没其他人，凑到胡兰跟前，对胡兰耳语道：

"陈区长回来了。"

胡兰又惊又喜地问道：

"在哪儿？"

"在他家。"

"就他一个人吗？"

"不，带着武工队。他要你去一下。"

正说悄声说着，爷爷拿着条口袋进来了。六儿接过口袋说：

"明天我就送来。"说完走了。

胡兰忙把炕头上的东西收起来，给爷爷铺垫好被褥。随即跑到西屋里告诉爹妈，说她有事出去一下，并叫给她留下门。胡兰爹妈也知道她是为了公事，不便询问，也没拦阻。胡兰妈妈给好拿了条围巾，给亲切地围在胡兰脖子上，嘱咐说：

“小心着了凉!”

胡兰“嗯”了一声，没多言语。她跑到南棚下，从干草堆里找出前几天藏匿的文件取出来，揣到怀里，忙向石六儿家跑去。走出几十步，忽然又想到给同志们带点什么？但不知拿什么好，这时她想起了王根固说过队伍上的同志在没烟抽的时候，就卷树叶当烟抽。于是，她转身回到屋里，拿手巾包了一包烟叶子，这才匆匆忙忙出了门。摸着黑快步向陈玉莲家走去。

胡兰很激动，恨不得一步走到陈区长面前。好久了没见到区上的同志们，她有好多的话想说，有好多的事要和上级研究，现在终于见到了，她能不激动吗？其实胡兰家离陈玉莲家不是很远，现在她觉得路好长。走到玉莲家门口，石六儿在门口，见胡兰已来了便低声说：

“他们正等着你哩!”

胡兰进了院子，就直接进了亮灯的那间屋子。屋子里有好多人，有的躺在炕头上，有的坐在凳子上，有的伏在箱子上，有的在擦枪，有的在缝补，也有人靠墙睡着了，看来是累坏了。这些人胡兰大都认识。他们都是从前各村里的干部和民兵。区上的通讯员正在烧火，陈大爷和三槐叔忙着和面做饭。大家见胡兰进来，都热情地和她打招呼。胡兰一下见到这么多同志，心里热烘烘的，好像很久没有见到亲人一样，说不出来的一种感觉，她眼里涌出了泪花，用手揉了揉，自己也不知道自己是想哭还是想笑。她本来有许多话想与同志们说，可这时，百感交集，居然不知道说什么好了。想了想自己这出息，她自嘲地傻笑了笑。为了打破这种难堪，她忙解开了手巾，把旱烟叶全都倒在了桌子上。人们见了烟叶子，一窝蜂拥过来卷起了烟卷，个个啧啧称赞不已，连打瞌睡的人也给吵醒了。胡兰带来的礼物，同志们是如此的欢迎和喜爱，心里觉得莫大的快慰。这时，她环顾一下四周，怎么没见陈区长？她正要发问，通讯员说，陈区长在陈大爷屋里。胡兰连忙跑到小西屋，原来陈区长和郝一丑正在这里谈话。陈区长头发胡子老长，人也瘦削了，衣服上好几处露出了棉花，猛一见，胡兰有些不敢认了。陈区长一见胡兰就连声说：

"快、快坐下,我们正等着你呢?区上和你们失去联系以后,大家都很挂念你们。看到你的信和材料,我们才放了心。"

胡兰不知吕梅跟他们有联系了没有,忙打问:"吕梅同志有下落了没有?"

陈区长摇摇头说:"暂时还没联系上。老吕人熟地熟,我估计不会出什么大问题,要是出什么事的话,人们早就传说了。"

胡兰听后,这才稍稍放了点心。她又问了玉莲和芳秀的情况,陈区长说她们都上了山,很安全了。陈区长夸赞地说:"你主动回村里坚持工作觉悟很高呀,而且工作也做的很好,收集了这么多有价值的信息,对革命工作很有作用。你做很对,这些日子够艰苦了吧,困难是暂时的,要相信,好日子不久就将到来。"

胡兰听了陈区长的表扬,不由脸红了,忙说:

"你和同志们才算艰苦呢,重担在你们身上,比起大家,我做的那事不值一提。"胡兰怕陈区长再表扬自己,忙把话岔开,问道:"照德哥,石佩怀……"

陈照德区长忙说:"县里已经批准镇压石佩怀了。我们今晚就是来执行这个任务的。"

胡兰听了,心跳都加快了,她高兴的看了郝一丑一眼,心照不宣的笑了笑。这时,陈区长说:"镇压石佩怀是为了杀一儆百,警告那些地主、富农和投靠敌人的人,谁要死心塌地和人民作对,谁要为阎匪军卖命,那就终有死路一条,绝对不会有好下场。同时这样也能为群众打气撑腰,让群众知道,革命队伍就在他们身边,不要屈服敌人,要坚持斗争,最后的胜利是属于我们的。"

陈区长越说越带劲,他双眼炯炯有神,充满了活力。胡兰这时才感受到陈区长依然是那样年轻。她向陈区长说:

"照德哥,你把棉衣脱下来,我给你缝缝。"

陈区长没有推辞,他把破棉袄脱下扔给胡兰,随即端着饭走到炉台前,继续说:

"前些时间,《解放日报》发表社论,说我们即将取得了反蚕食斗争的绝对胜利,再消灭蒋介石的一些实力,就可以进入全面反攻,蒋介石和阎锡山垮台的日子已经不远了。"

胡兰和郝一丑都很高兴,胡兰说:

"那我们要将这消息告诉给老百姓,也让他们高兴高兴。"

陈区长微笑着点点头。他放下饭盆,接过胡兰缝补好的棉袄,一面穿衣,一面向走进来的通讯员说:

"你去叫两个队员,把石佩怀押来。"

通讯员问道:"押这里来?"

"不,押到村西口。你们去就说二区人民政府请他。"

郝一丑忙说:"不行,那样,他家人就会猜到是你们叫出去枪毙的。那不暴露了武工队了吗?"

陈区长笑着说:"就是让他知道哩!"

胡兰和郝一丑满脸疑云地望着陈区长,不知道为什么要这样做。

陈区长见他俩不明白其用意,忙解释说:

"如果悄悄把石佩怀镇压了,敌人一定怀疑村里还住着八路军干部,敌人要是报复,那样会殃及到老百姓,你们留在村里的干部就有危险。让他们知道石佩怀是我枪毙的,就会引开敌人的注意力。敌人知道了又怎么样,我们早走到山里了,他们去哪里找我们?同时,群众也知道我们的队伍就在山里,也可为群众壮胆,这不一举多得。"

胡兰和郝一丑听了陈区长的话,既感动又佩服,到底是上级考虑问题周到。这时陈区长又说:

"镇压石佩怀之后,你们要注意搜集群众的反应,同时也要注意敌人的动向。另外一点是关于今后的联系问题,我看就让我三舅跑地下交通吧!"

胡兰和郝一丑齐声应了一句:"可以!"

接着胡兰从怀里掏出一些文件来递给陈照德说:

"陈区长,这是吕梅同志的文件,你看怎么处理?"

陈照德接过文件,说:"等我看看再说,该烧的就烧了!你们手头有什么文件之类的东西,也把它销毁了。好了,你们回去,我们现在要执行任务去啦!"

胡兰回到家的时候,已后半夜了,全家人都睡了,只有爹还为她守着门。她回到房里,躺在炕上,心情却依然很激动。从陈区长的谈话里，她了解了全国整个解放战争的形势，我们已经快爬到山头了，很快就会转入全面反攻，全国解放的日子已经不远了。想到这些事情，怎么不激动呢？她从全国的形势又联想到本地的情况。她很赞成郝一丑说的："只要全国形势好，我们就是再苦点、再累点，心里也是高兴的。"

这天夜里，胡兰翻来倒去没入睡。一时回想陈区长的谈话，一时又盘算镇压石佩怀以后的工作如何开展，一时，又听听外面有没有什么动静。

陈区长派去的武工队员，很快摸到了石佩怀的家里，从睡梦中将他押走。他老婆见来了武工队的，很害怕，武工队员说："政府叫他去谈谈话。"石佩怀也想大不了骂他一顿，就跟着两个武工队员走出了院门，石佩怀一出门看到了陈照德，就觉得情况不妙，可能与他想象的不一样，就想往家跑，但说什么也晚了。于是，武工队员们你推我攘，就将他带到了村西口。陈区长点数了石佩怀的罪行，明明白白告诉了石佩怀人民政府要镇压他的原因，石佩怀听后吓得面如土色。随后，武工队员连开两枪，这个阎匪军的忠实走狗得到了罪有应得的下场。

黎明时分，两声枪响打破了云周西村的宁静。石佩怀的老婆听到枪响，也猜到了石佩怀的下场。于是，她冲出门走上大街，就大喊大叫："共产党杀人啦！共产党杀人啦！"。她这样一叫，村子里有的大胆的人就出门望风，一会儿街上的人就多了。人们在大街上看到了政府贴出的布告，人们才知道村长石佩怀被政府枪决了。大家奔走相告，有的说："队伍打回来了！"有的说："石佩怀这个害人精给消灭了！"有的说："死得活该，谁让他做缺德事！"石佩怀老婆天一亮，就哭着到大象镇向阎匪军报告去了。

胡兰家里人听到这个消息后，都说石佩怀死得活该，政府可算给村里除了后患。大伯悄悄问胡兰：

"昨天咱的人回来啦？"

胡兰点点头，告诉大伯说是陈区长亲自带着武工队回来干的。胡兰接着说：

"大伯，石佩怀死了，你是不是去帮忙张罗一下，看是该埋呢？还是……”

胡兰没说完，大伯就生气了，瞪胡兰一眼，朝地上吐了一口说：

“呸！我倒给他跪灵去哩！”

胡兰忙向大伯解释：“大伯你先别生气，如今表面上你还是阎匪军的闾长，村长出了事，闾长还能不去管一管？面子上的事情总要过得去。另外也可以了解一下人们对这事的反应，对以后工作也有帮助。”

大伯听了胡兰的话，脸色和悦了些，最后赞许的看了看胡兰，一声不吭地出了门。

疯狂的报复

镇压石佩怀之后，真是大快人心事。人们暗地里高高兴兴地说："这可给村里除了一大害！"过去有点悲观失望的人，如今情绪也变得高涨了，知道自己的人没有都撤走，这里不全是敌人的天下。连附近一些伪公所的公人，也不为非作歹了，都想给自己留下个后路。然而，就在形势有所好转的时候，也就在石佩怀处决后的第五天，大象镇吕德芳带着"复仇自卫队"到云周西村报复来了。

那天快中午的时候，来了几十个人，气势汹汹直奔陈玉莲家。因为陈照德和玉莲他们都转移到山上，家里只有陈大爷，当时陈大爷去地里了。来人看到门是锁着的，三下五除二就把门砸开，先是用乱棒将家里有用的家当砸得稀巴烂。那些坏蛋砸累了，还休息了一会儿。之后，就提过两桶汽油洒在那些砸坏的家具上，然后，一个年轻的人从远处扔过一个火把，只听"轰"的一声，屋子里就喷出一条火舌，毕毕剥剥火就燃烧起来。顿时，浓烟滚滚，遮天蔽日。

在地里干活儿的人，还以为谁家不小心着了火，拿着救火的盆和桶就赶了过来，走近才发现站着两队实枪荷弹的人，明白了火是他们放的，谁也不敢去救了。只好眼睁睁看着火势漫延，无能为力。

石六儿跑到地里，告诉了陈大爷烧他家房子的事，陈大爷一句话也没说就往回跑。跑到村口，就被人拉住了，不让他回去，怕他与那些狗日的冲撞起来吃亏。

这天恰好胡兰不在村里，一清早她就到东堡去找霍兰兰，一方面是去传达陈区长的那些胜利消息，更重要的是去了解情况。半晌午，她正打算回家，听东堡村里的人们传说，大象敌人到了云周西村。后来又听说敌人在云周西村放了火。胡兰爬到高处瞭望，果然见云周西村里冒起一大股浓烟，看样子在村西一带，但弄不清是谁家的房子。胡兰看到这情景，心里又急又气，也不敢马上回村里。她在霍兰兰家待到太阳快要落山的时候，打听到敌人已经走了，这才离开东堡，回到村里。

胡兰向村里人问询了敌人来村的情况。人们说今天来的不是阎匪军，而是吕德芳的“复仇自卫队”，是专来给石佩怀报仇的，烧了陈照德的房子，抢走了一些粮食和衣物。还委任了个新村长，是大象人，叫孟永安。他跟着敌人来召集群众训了一顿话，然后又跟随敌人走了，看他是怕在村里住。

胡兰进村后，首先跑到了玉莲家。一进大门，只见房屋倒塌，七零八碎。火早灭了，不过那些烧焦的椽子，烧毁的家具还在冒烟，满院子一股焦糊味。到处是破砖烂瓦。陈大爷和石三槐，另外还有几个邻居正忙着在瓦砾中搜捡没烧完的东西。

陈大爷满脸黑污，脸色恼得怕人。胡兰本意是来安慰陈大爷的，可陈大爷一看见她，就瞪着血红的眼珠子，气凶凶地说道：

“让狗日的们烧吧！房子能烧了，可心烧不了！”他拍着胸脯说：“狗日的们以为烧了房子就完了，完不了！迟早总有算账的那一天哩！”

胡兰听了陈大爷的话，觉得再不用说什么多余的话了。她默默地帮他们把东西收拾完毕，天就黑了，于是她就去找郝一丑去了。

胡兰趁着夜幕去了郝一丑家，郝一丑也知道了吕德芳来烧房子的事，他们在一起研究了“复仇自卫队”和匪军下一步可能的行动，提出了一些对策。他们最后决定，要想办法将这些情况报告给区委，做好打击敌人的准备。

敌人的花招

自从吕德芳带着“复仇自卫队”到云周西村烧房子后，有十多天，敌人再也没有到村里来，大象据点也没什么动静。表面上看起来很平静，实际上敌人暗里正在进行阴谋活动。那天“复仇自卫队”到云周西村烧了陈照德的房子，回去之后，阎匪军特派员张全宝把吕德芳给训斥了一顿，认为这种做法是打草惊蛇，他说重要的不是烧房子，而是要设法肃清共产党的地下组织。张全宝当时交给吕德芳一项秘密任务，要他通过他老丈人石玉璞，首先摸清云周西村有哪些可疑分子，然后再一网打尽。敌人为了麻痹我方，因此这些天故意不到云周西村来骚扰，给人们制造只是烧烧房子，出出气就完事的假象。

1947年1月8日清晨，胡兰起来正在梳头，胡兰爹出去挑水听说阎匪军来了，就挑着个空桶返回来了。一进院子，他把桶担往地上一扔，慌里慌张跑到屋里说道：

“坏了，匪军来啦！”

妈妈忙问：“在哪儿？”

爹跌嘴拌舌地说道：“在街上。我看见捆着张申儿、二痨气从东头过来了。”

胡兰听了，又是吃惊又是奇怪。她知道张申儿和二痨气既不是党员又不是干部，不知道敌人为什么要抓这两个普通老百姓。她忙问爹：

“你还见抓谁了?”

爹摇摇头说:“只看见这两个,没见别的人。”

正说着,大伯和爷爷跑过来,听说匪军在村里抓人,都吓了一跳。这时忽然听到街上传来一阵叫骂声和杂乱的脚步声。家里人都慌成了一团。妈妈要胡兰赶快出去躲藏起来。爹又说满街都是匪军如何出得去,出去不就抓住了。爷爷急得叫快把街门关上。大伯说,敌人要是来,不要说你关上门,锁上门也不顶事。爱兰吓得脸色煞白,紧紧攥着姐姐胡兰的手,手心都出汗了。胡兰却显得很镇静,她不慌不忙安慰家里人说:

“敌人不一定是来抓我的。要是敌人真的来抓我,就是藏到箱子里柜子里,他们也会打开搜出来。就是吓得发抖,敌人照样不会饶你。怕是没用的。”

大伯说:“你们先不要慌,让我先出去看看。”

大伯仗着自己是闾长,觉得匪军不会抓他。说完就到街上去了。

大伯出去不多一会儿就回来了,低着头叹着气,告诉家里人说,敌人已经走了,共捆走了五个人。

胡兰急忙问:“捆走了哪些人?”

大伯说:“除了张申儿和二痨气,还有石三槐、石六儿、石五则三个。”

胡兰听到石三槐、石六儿这些名字,不由得“啊”了一声,因为她清楚这些都是做地下工作的人,敌人对组织可能有所发现了。她又问大伯:

“来的是复仇队还是阎匪军?”

大伯说:“匪军,是二连的许得胜带着人来的。看来狗日的们天不亮就来了。”

家里人听说匪军已经走了,胡兰没事,大家都松了一口气。虽然听到匪军抓走了人,都觉得不是滋味,但自己家的人毕竟没出事,也就放心了。随后各人干各人的事情去了。

胡兰又难过,又愤怒,她紧锁双眉,一早晨一句话也没说。她一面猜测敌人的阴谋,一面苦想对策。眼看村里出了大问题,自己又是区上的干部,怎么不着急呢?

吃完早饭,她决定去找郝一丑。正要动身,恰好郝一丑来了。妈妈不知道郝一丑是干什么的,不过心想,这个时候来找女儿,猜想一定是为公家的事来商量,说了几句应酬话就躲到北屋去了。爱兰机灵地跑到门口放哨。郝一丑见屋子里只留下了胡兰一个人,这才低声说:

“匪军抓人的事你知道了吧,下一步我们怎么办?”

“我看得赶快把这些情况向区长报告,另外要想办法打听被捕人的消息。”

“这可太难了,大象镇那边没有我们的人呀!”

胡兰提醒说:“六儿家妹妹贞贞不是嫁大象镇上了吗?我想通过她也许能探听到一些情况的。”

郝一丑连声说道:“对对,是条线,你想的比我周到。回头我到六儿家去说说。”

胡兰连忙说道:“我看这样吧,咱们分分工,你去找区上汇报,家里事我来办。”接着她又很诚挚地说:“一丑哥,以后你不要到我家来找我,有事托个人过来说一声,还是我去找你好。”

“怎么啦?”

“免得引起别人怀疑。我担任过公开职务,你和我不同,你的身份村里其他人不知道。现在情况越来越坏,说不定村里有敌人的眼线,盯梢你就麻烦了,你还是要多注意自己。”

郝一丑听了很感动。他说:“你得多小心呀!”

胡兰笑了笑说:“这个我知道。”

胡兰送走了郝一丑。妈妈见她把毛巾扎在头上,好像要出门。便苦口婆心地忙劝道:

“胡兰子,你看看,村里出了这么大的事,不要出去跑了,避避风再说。万一有个好歹可怎么办呀?有什么事让爱兰替你跑跑腿不行吗?”

胡兰说:“这事爱兰办不到,爱兰只能替我办点别的什么事情。”说完她让爱兰先到街上看了看,然后就偷偷溜到了石六儿家。

石六儿被敌人抓走,家里人愁的没办法,一家人哭哭啼啼,乱成一团。胡兰劝慰了一顿,又问他们石六儿当时被捕时的情况,是不是有什么人引着匪军来的？他家里人说，没有见人带路，匪军一直冲到屋里，抓上人就走，什么也没说。他们都哭天抹泪让胡兰给想办法救人。胡兰说先让贞贞打听一下石六儿的消息，然后再去营救。六儿妈这才忽然想起女儿，立即收拾穿戴，到大象女儿家去了。

胡兰离开六儿家，又去了被捕的其他几家都看了看，一来是安慰他们，二来是了解当时被捕的情况，好从中识破敌人的真正目的。查访中，胡兰发现张申儿和二痨气是敌人在街上碰上，不问青红皂白就给捆上了，随随便便抓人，好像没有目的。另外三个是敌人到家里抓的，目标性很强。胡兰想：要是没人指引，敌人怎么会知道这三个人住的地方呢？莫非敌人早注意上他们了？说明村里有敌人的眼线。敌人为什么要抓张申儿和二痨气呢？是不是敌人上方有令要求必须抓够多少人？还是敌人打着另一算盘？胡兰越想越不对头，说不定是敌人在耍什么花招。

刘胡兰猜想的没错，敌人确实在玩花招。原来吕德芳通过他老丈人石玉璞，在村里活动了好多天，并没有发现党的地下组织，只是觉得石三槐当了多年公人，又是区长陈照德的舅舅。石六儿当过民兵。两个人过去和共产党关系密切，也许从他们身上或多或少找到一些关于地下组织的线索。

而石五则的情况这则是这么回事：在敌人进行“水漫式运动”后，组织上虽然他因包庇地主石玉璞开除了党籍，取消了他农会秘书的职务，但组织上考虑石五则知道一些组织情况，怕敌人找他麻烦，为了他本人和组织的安全，就安排他转移到山上。可是他到了山上，嫌山里生活艰苦，又牵挂着二寡妇，就偷着跑回来了。石五则回到村里，他对其他人讲是临上山时被敌人冲散啦，在朋友家躲了些日子，后来打听到云周西村没住敌人，加上躲在朋友家也不是长久之计，就回来了。他自认为现在啥职务也没有，觉得没什么可怕了。其实，石五则回到云周西村，石玉璞是不知道的。可石五则认为现在是阎锡山的天下，要想平平安安过日子，就得找个靠山，万一有个风吹草动什么的，也好有人庇护庇护。他知道石玉璞的女婿如今是匪军的红人，土改时自己包庇过石玉璞，他觉得拉拢了石玉璞，就是给自己找到了一条被保护的路子。于是，他回来后的第二天，就找石玉璞拉交情去了。当时石玉璞也拍着胸脯对他说:“你帮过我,我哪能不仁不义,一切由兄弟担保!”。石玉璞想他以前是农会秘书,在共产党里干过事,又是从山里跑回来的,可能知道共产党的一些情况,所以就报告给匪军了。本来,今天匪军只想抓这三个人,临出发的时候,特派员张全宝说再多抓两个老百姓,目的是给共产党和群众造成一种错觉,好像他们是随随便便就抓了五个人。

胡兰对这些情况一无所知。面对如此错综复杂的情况,又联系不到上级组织,胡兰一时也没想出个好办法。那天,她心事重重,茶不思,饭不吃。又担心被捕的人的安全,又要考虑一下可能发生的情况。她觉得张申儿和二痨气不了解内情,即使经不住拷打,他们也说不出个一二三,不会出多大的事。可是另外三个人能经得起这个考验吗?她最担心石五则,他在敌人面前会不会下软蛋呢?不过石五则不知道党组织安排了郝一丑是暗村长,还在为党工作。想到这,心里多少轻松了些,她长长的出了口气。

下定决心

面对疯狂的敌人，再镇静的人也会坐不住。六儿妈去大象打听消息没有回来，郝一丑出去找区长也没有个信，胡兰在屋里就像被人装到了瓦缸里一样，心急如焚。

胡兰盼星星盼月亮似的，盼望六儿妈能带回点消息来。可是胡兰叫爱兰去了她家好几遍也没个音讯。第二天下午，六儿妈从大象回来了。她一进村就找到了胡兰。她说被抓去的人都关在了武家祠堂里。已经审问两回了，除了石五则，其余的都挨了打。敌人拷打石三槐和六儿特别严厉，吊着打、压杠子、坐老虎凳，把各种刑罚都用上了，要他们说出村里哪些人是共产党员，以及共产党活动的情况。但他们什么也没说。六儿妈说着说着说哭了：

“贞贞今晌午给她哥送饭去的时候，六儿让她给你和郝一丑捎话，说：‘看样子是活着出不去了，我和三槐叔已经商量好了，横下一条心，死也不投降。看来石五则靠不住，敌人一吓唬，他就爷爷奶奶的求饶，把他做过的事全说了，别的倒还没露，就怕敌人拷打、用刑审问。”

胡兰听到这些情况，心里感到很沉重，同时又对石三槐和石六儿产生了一种尊敬的感情。她安慰了六儿妈一阵，见她情绪稳定了些，就送走了她。

胡兰送走六儿妈，忙着又打发爱兰去郝一丑家看他回来没有，想把这些情况赶快和郝一丑研究一下，也想听听区上的指示。可爱兰跑了一趟回来，说郝一丑还是没有回来。

第二天，爱兰又去了郝一丑家三次，但郝一丑还是没回来。他的家人也开始着急起来。胡兰更是替他担心，猜想他是不是找不到陈区长耽搁了时间？还是出去撞上了敌人？

胡兰一面焦急地等待郝一丑；一方面做着最坏的打算。她先把自己的东西都清理了一遍，把笔记本和一些信件都烧毁了。然后又偷偷召集以前的妇女干部开了个小会，嘱咐大家准备口供，万一被捕，应该如何对付敌人。并且动员远处有亲戚的人，最好出去躲几天。这期间，村里一些积极分子们，暗地里替她巡风放哨。她自己也提高了警惕，白天就到可靠的人家串门，夜里也不在自家住，东家睡一天，西家住一宿。为的是防备敌人突然来逮捕。

有天晚上，她住在了金香家。自从敌人在村里捕了五个人以后，金香妈李薏芳很恐慌，整天为金香提心吊胆，相依为命的娘俩自从刘树旺家里出来后，就没过上一天好日子，金香娘怕金香出了事，自己就没法活了。金香也是害怕极了，整日里做恶梦，不敢一个人睡觉，所以胡兰就来作伴陪她。胡兰和金香这阵子两个人都无心纺线做针线活，为了解除烦闷，她们炒了黄豆、瓜子，边吃边聊天，两个人都装得若无其事的样子。胡兰想给金香宽心，就故意讲些有趣的事情，可是说着说着，金香又扯到敌人身上。她问胡兰：

“胡兰子，你说敌人会不会来抓咱们？”

胡兰道：“你最好不要老想这些。”

金香苦苦一笑说：“由不得就想上这事上了。”停了停，又关切地问道：“胡兰，情况这么坏，我看你也不如出去躲几天。”

胡兰说：“我妈也和我说过好几次了，不过我得先和区上联系再说。村里实在待不住了，也只好找个地方避避风头。”

两个少女又陷入到沉思中，一时谁也没有心情说话。过了一会儿，金香忽又说：

“胡兰子，万一敌人抓住我们怎么办？”

胡兰直截了当回答说：“没有别的办法，只有两条路，一条是出卖革命，出卖同志，当叛徒；另一条路就是坚持到底，要杀要剐由敌人好了！”胡兰本想继续说自己自从入党那天起，就已做好了为党和人民的利益牺牲一切的准备，下定了为党的事业献身的决心。但她想对金香说这些不太好，于是便说：“唉，谁不愿活着，可是为了革命就要不怕流血，为革命牺牲了也是光荣的！”

接着她就说开了那些为革命牺牲的烈士们的故事。她说到了王占魁和武士信，讲到了张区长和武艾年……当她说到这些人的时候，情绪显得很激动，脸上流露出无比敬佩的神情。金香也受到了这种情绪的感染，也不像刚才那么萎靡不振，怕这怕那的了。金香情不自禁地向胡兰说道：

“不知怎么的，一说起这些事情来，心里就觉着有劲了，好像天塌地陷也不怕了，好像马上让我去死也没什么了不起。”

胡兰笑着说：“谁上你马上去死呀。谁也不会故意拿脑袋往刀刃上碰。我只是说，既然参加了革命，就应该有这么个决心。当然要争取更好的前途。不过也要做最坏的准备。”

这天晚上，她们俩谈得很晚才睡。金香听了胡兰的话，一会儿呼呼入睡了。

转移的消息

一天晚上，胡兰给金香讲了许多英雄故事，金香听后胆子也大起来了。她躺在床上不一会儿就睡着了。胡兰想着今后村里的工作，很难入睡。就是这个时候，胡兰听见外面有人敲门的声音，胡兰马上推醒了金香。两个人互相看了一眼，胡兰忙跳下炕来，走出屋门，金香紧随其后也出了门。她们来到院里，只见院邻老大爷站在街门跟前向外问道：

"谁？"

门外答道："我！"

胡兰她们听见声音很熟，可又想不起来是谁。又听老大爷问道："你是谁？"

门外答道："听不出来吗？我是陈照德。"

胡兰和金香一听是陈区长，高兴得什么也不顾了，三脚并两步跑到大爷前边，开了街门。

月光下，她们看见门外除了陈区长，还有五六个武工队员。陈区长留了一个人在门口放哨，然后大家都拥进屋里来。

胡兰跟着他们回到屋里。只见陈区长他们个个冻得脸色发紫，有的人胡子上、眉毛上都结了一层白霜。她慌忙把炉火捅开，同时又迫不及待地向陈区长问道：

"一丑哥找到你没有？"

陈区长点点头说：

"昨天晚上才见到。有什么吃的东西没有？"

胡兰和金香一听这话，忙张罗要做饭。陈区长道：

“来不及了，我们马上要走。”

金香连忙把她家所有能吃的东西全找出来。胡兰也忙灌了一壶水，插到灶火里。陈区长一面烤着冻僵的手，一面向胡兰说道：

“情况很不好，听说敌人要搞什么‘自白转生’，阎锡山规定召开群众大会，用毒打、屠杀、胁逼共产党员、革命干部，以及军属、干部家属和积极分子们自首。凡不‘自白’的就要乱棍打死。看样子就是要来一场大屠杀。区里决定让你赶快上山。”他扭过头又向金香问道：“你妈哩？”

金香告诉他说到亲戚家去了。

陈区长接着说道：“刘树旺跑到匪军七十四师当了侦察排长啦，恐怕你在村里待下去也危险。我看不如和胡兰一块到山上去，过一阵再说。”

金香忙问道：“什么时候走？”

陈区长说：“越快越好。今晚上我们有重要任务，不能带你们，我们是绕道来先通知你们一声。明天你们到北齐村找安厚常，他会派人把你们送到山上去的。我已经给你们安排好了。”

胡兰问道：“村里工作呢？一丑哥和你们一块回来没有？”

陈区长点点头说道：“一切我都交代给他了。你放心走吧！这是组织决定。”

胡兰问道：“抓到大象去的那些人怎么办？能不能想法营救他们？”

陈区长叹了口气说道：“唉！办法都想尽了，劫狱和偷袭都不行。敌人有一个营的兵力，还有一个机枪连。咱们武工队就一二十个人。硬打硬拼只能牺牲更多的同志。”陈区长说完低下了头。看得出来他心里很难过。他沉思了一会儿，又抬起头来说：“你们放心走吧，我们会想尽一切办法营救他们。”

胡兰问陈区长吕梅有消息了没有。陈区长说道：

“哦，差点儿忘了告诉你。老吕已经转移到山上去了。”

胡兰听了这消息，心里的石头才算落了地。

陈区长他们吃了点干粮，喝了点开水，匆匆忙忙就走了。

胡兰、金香送走陈区长他们，赶快熄灯睡觉，想在第二天起个大早，准备上山的事情。可是两个人在炕上谁也睡不着。今天晚上是她们留在村里的最后一个晚上，两人心里都很难平静。金香心里很高兴，她真想马上告诉妈妈这一好消息，她用不着躲到亲戚家去了。她和胡兰上山，比到亲戚家要安全千倍万倍。可是她一想到马上就要离开妈妈，心里又一阵惆怅。前年在妇女训练班时候，夜里常常梦见妈妈。这回上了山，不知道什么时候才能回来呢？

胡兰心情也很复杂，她很感激党对她的关怀，党对一个同志这样爱护，考虑得比自己想的都还周到。她真觉得很难过，她一时想到石三槐、石六儿；一时又想到郝一丑和陈区长他们。她想，今后这里的环境会更坏，更残酷，留下来坚持工作的那些同志们，不知会遇到多大的困难呢？后来她又想到了家里人……这时忽然听金香问道：

"胡兰，你睡着了？"

"没有。"

金香道："不知怎么的，我今天总是睡不着。胡兰你说咱们到了山上，会让咱们干什么？"

"不知道。反正听从组织分配吧！我希望是去学习班学习，多学点知识多好呀！"

金香翻腾着爬起来，伏在枕头上说道：

"我也是这样想，要能住几年学校该有多好！"

她们就这样你一句我一句说开了，从上山去学习，说到什么时候能回来；从目前的情况，又说到将来的情形。胡兰忽然向金香问道：

"我问你一个个人问题，全国解放以后，你打算做什么？"

"全国解放区以后？做什么？我还没想过这事。你等等，让我好好想想。"金香想了一会儿，说道："就像吕梅姐那样，好好工作。唉！就怕我干不了，胡兰你想干什么？"

"以前我想将来最好当大夫。"

"大夫？就是看病先生吧？你怎么想干这个？"

"我自己都觉得有点好笑，你猜我怎么想到干这个？今年，不，已经过了阳历年啦，应该说是去年。去年秋天北贤战斗以后，不是给咱们村分来五个伤病员吗？我看见他们那么痛苦，心里真是不好受啊，可就是插不上手。当时我就想,将来一定要学当大夫……"

胡兰的话还没说完,金香就"哈哈"的笑了一声。

胡兰问她笑什么,金香说:"是不是你想起了你的那个王根固了,你是看他生疥疮心疼了吧!"

"你小心我撕烂你的嘴。"胡兰就假装要揪金香。

金香一边躲,一边认真地说:"你们这么久不见面,是不是特别想你的根固哥。"

胡兰沉默不语,一会儿说:"的确,他是个好青年,思想也进步,人品也好。可惜,自从他从我们村去了大部队后,连个信也没有他的。"说着话,胡兰,就从衣袋里摸出了王根固给她的那张手巾。看了看,又放起来了。好在金香不知道那是胡兰与王根固的定情物,也没问她东长西短。

金香说:"等打完仗,你的王根固连长,恐怕会是团长了。那时他带着一团人来娶你这个新娘,该有多风光。"

胡兰笑了笑,那是一种发自内心深处的笑,也是世界上最甜蜜的笑。

金香说:"要不,我将来也跟着你学当大夫吧!"

胡兰知道金香在取笑她,把话扯开说:"我后来又想最好开拖拉机。有回报社来了个新闻记者,晚上住在区上,他和大伙谈闲话时候说,晋中平川这么好的土地,这么平,等全国解放了以后,要是用上拖拉机耕种,能多打好多粮食。"

金香听胡兰说出了个新鲜玩意儿,忙问:"拖拉机?拖拉机是什么样?你没问问他?"

"我问了,可人家说也没见过,他是从书上看到的,大概和汽车差不多,开动就能跑,能耕地……"

金香不等胡兰说完,就兴奋地说道:

"啊!那太好了。胡兰,要不将来咱们一块学开拖拉机吧!"

远处传来几声鸡叫,鸡叫头遍了。胡兰说:"嗨!咱们扯到哪里去了。快睡吧,明天还要早起哩!"

两个人都不说话了,屋子里静悄悄的。

疯狂的审讯

在大象,敌人对抓去的那五个人,进行了两次轮番拷打。张申儿和二痨气是什么都说了,连家里养的牲口长了几处杂色毛都讲了,但是没有一点价值。石三槐和石六儿已做好了牺牲准备,就是不开口。以前的农会秘书石五则却向敌人下了软蛋,他把过去做过的事统统说了。他想共产党开除了自己党籍,又撤销了他农会秘书的职务,再说他还有一线希望,就是石玉璞要是知道了他的情况,也许会给匪军说情,保他出去的。正在石五则做着这个美梦的时候,敌人第三轮审问开始了。

那是一月十日上午。狡猾的敌人这次没有再审张申儿和二痨气,他们心里清楚,那是随便抓的老百姓,什么也不知道。于是,就将重点放在石三槐、石六儿和石五则身上。敌人先带上的是石三槐。

敌人问:"石三槐,你想通了没有?说出共产党的地下组织就放了你,而且就是现在!"说着敌人用鞭子抽了他两下。

沉默了一阵,石三槐说:"你们想从我嘴里得到共产党的消息,那是白日做梦。"

敌人见石三槐上来嘴就这么硬,大声说:"给他点颜色看看!看你说不说。"于是两个匪兵上前将石三槐推倒在地,将一根木杠压在石三槐的两只腿上,接着两个人一齐踩在木杠的两头。只听见石三槐"哎呀"一声。接着敌人又是对他一阵拳打脚踢,但他咬牙切齿,就是不说一句话。时间一长,石三槐疼昏过去了。

接着敌人又推出了石六儿。敌人一句也没问,上来敌人就劈头盖脸一阵乱打,顿时,石六儿血流满面,奄奄一息。

敌人知道从石三槐和石六儿这两个人身上打不开缺口,所以没有多问,只是想把他们打得皮开肉绽,目的是制造一个恐怖场面给石五则看。因为石五则在前两轮审训时,就不断地说出了一些东西,敌人想如果再给他严刑拷打,会说出更有用的东西。

最后,敌人把石五则给推上来了,刚才石五则听到石三槐"哎哟"的惨叫声,他就吓得浑身哆嗦。现在看到石三槐和石六儿被打成那样,早吓破了胆。

一个大个子敌人走到石五则身边,一把将他按在一个条凳上,石五则像触电一样浑身一颤,他以为敌人要给他坐老虎凳。

"石五则,你就自觉的说,你也看到了。"敌人指了指躺在地上的石三槐和石六儿,接着说:"不说,就是他们那个下场。"

石五则怕受皮肉之苦,忙说:"长官,我都说过了呀!"

"想想,你还有重要的可是没有说哟! 这个我们知道。"

石五则看到昏厥在地上的石三槐和满脸血污的石六儿,想了想今天这个局面,不说出点新东西,是过不了关的,这时他突然想起了刘胡兰与自己有过结,于是他认为说出刘胡兰一是可以交差,另外也报复一下刘胡兰。他认真地想了一阵说:"云周西村刘胡兰是区妇联干部,现在还在村里。"

"你说的是实话?"

"真的,我从山上下来时,还见过她,她没有上山。"

敌人又仔细地问了刘胡兰的情况,后来石五则还说了些干部家属的情况。敌人果真没有打他。

敌人获得石五则的这一口供,如获至宝,立即写成报告,派骑兵传令兵送到了扎在文水城的团部。

11 日下午,大象的匪军接到团部指令。当天晚上,营长冯效翼召开了紧急会议。参加会议的人除了副营长侯雨寅、营特派员张全宝、各连连长外,还有复仇队长吕德芳和新委任的云周西村村长孟永安两人。会上冯效翼宣读了团部的指令:

"一月十日报告悉,业已转呈师部,顷接师部指令:对你营此次破获云周西村地下组织刘胡兰一案,深为赞许。同时指责你营已往工作不力,地区开展缓慢,显系做法太软。今后要去掉书生习气,勿存妇人之仁。'宁可错杀一百,切勿放过一个。'速乘此良机,在云周西村开展'自白转生',作出榜样。以逸待劳,彻底清除'伪装分子'。切切此令。"

接着,这些匪徒们就开始研究行动计划和部署,决定拂晓突击包围云周西村,由机枪连长李国卿负责警戒;二连长许得胜负责扣捕石五则供出来的那些人;云周西村村长孟永安负责召集全体村民开会;复仇队长吕德芳负责乱棍处死石三槐等人。特派员张全宝除负责总指挥外,要不惜一切手段,亲自促使刘胡兰"自白"。

被捕前的那个早晨

1947年1月12日，天刚放亮。胡兰和金香还在睡觉，忽然一阵敲门声，惊醒了她们。由于怕是敌人来了，两人显得非常机警，不约而同地问道：

"谁？"

"是我，快开门呀！"她们从门外人答话的声音，听出是金香妈李薏芳回来了。两个人立即爬起来穿好衣服，出去开了院门。

李薏芳一进门，带进一股冷气。她脸上冻得通红，呼出的热气遇冷后把眉毛和嘴边的围巾都染上了一层白霜。她又是搓手，又是跺脚，屋里暖和些，她的清鼻涕直往下流，她不住的揩。边活动，边都哝说：

"真是冷死了，浑身冻僵啦！脚都不像自己的。"

胡兰问道："你怎么这么早就往回跑？"

"我老是担心金香和你，所以后半夜就搭上了一个拉炭车往屋里赶。"

听李薏芳担心金香。金香就说昨天晚上陈照德带着武工队路过，说形势越来越坏，要让他们上山。李薏芳忙问：

"什么时候走？"

金香说，打算今天下午走，陈照德告诉她们先到北齐村去，那里有人接应，再送他们到山上去。

胡兰把火生好，就叫李薏芳去烤火。李薏芳走到火炉边伸出手烘着，嘴里不住地说：

“好好好，快走吧。这年月，在村里担惊受怕的真不好活！上山我就放心了！”随后又说：“山上比村里冷，你们一定要多带点衣服。”

她们说三道四，水已经热了。胡兰洗完脸，又梳了梳头，急着要走。李薏芳叫她留下在家吃早饭。胡兰说，不了，要赶紧回家收拾东西。说完往外走，走了几步，她又转过身对金香说：

“你可别把东西带多了，爬山路又不是走平川，东西多了就走不动路。”说完就往家走。

街上冷冷清清，看不到一个人影。天空阴沉沉的，看上去很低，仿佛压得人喘不过气来。西北风吹得“嗖嗖”的响，冬天的树已没了枝叶，风一刮树枝“哗啦啦”干响。天气冷得厉害，风吹到脸上，像小刀割破了肉一样。刘胡兰把两手藏在袖筒子里，一溜小跑着回家去。

回到家的时候，家里人也刚刚起来生火做饭。她把要走的消息告诉了妈妈。胡文秀长出了口气说：

“那太好了，早点上山就安生了。”

家里人听说胡兰要上山，也都赞成她快点走，离开这事非地。只有不太懂事的妹妹心里不太乐意。她见姐姐忙着收拾东西，噘着嘴问道：

“你走了还回不回来？”

胡兰笑着说：“当然要回来，这是我们家。”她停了一下接着道：“当然，要等环境好了才行。”

爱兰愁眉不展地说：“现在到处都是匪军，什么时候他们才走呀？”

“他们走只是迟早的事，你看今天的天灰蒙蒙的，但是太阳总是要出来的。”胡兰坚定不移地说。

接着又嘱咐爱兰，她走后，要像过去那样多帮妈妈干活儿，爷爷老了要多照顾他。还说爷爷那么大岁数了，每天还是照样搂柴拾粪，一天到晚不闲着，他为的是让家里过上好日子。爱兰听着姐姐的话不住点头。

爱兰说：“姐姐，这些事我能做，你不要操心。”

一会儿早饭熟了，大家聚在一起吃早饭，知道胡兰要走，大家对她千叮咛万嘱咐的，说了不少话。

早饭以后，胡兰烧了一锅热水，打算把换下来的脏衣服洗一洗，好带到山上去。她刚把衣服泡到盆里揉搓了几下，刘马儿大爷慌慌张张跑进来了，一进门就上气不接下气地说：

"坏事啦，匪军又来村里了！"

胡兰急忙问道："来了多少，在哪儿？"

刘马儿大爷气喘吁吁说："不知道。我只看见敌人把村口把了，只准进，不准出。不知道这些狗日的们又要干啥。胡兰子，我看你去躲躲吧！"说完匆匆忙忙走了。

爱兰撒腿就往外跑，边跑边说：

"我出去看看。"

爱兰越来越懂事了，胆子也大起来了。每当出现什么情况，她就像侦察员一样到处跑着打探消息。这天她跑出去不久就回来了，她说自己看见有一伙敌人捆绑着几个人到庙上去了，胡兰问她有哪些，爱兰说有石三槐、石六儿他们。

"坏了"胡兰一惊，不由得替他们担心起来。正在这时，爷爷和大伯慌里慌张跑回来了。胡兰大伯是一个遇事都很沉着冷静的人，但这次却是那样慌手慌脚，他一进屋，东张西望的只顾瞅胡兰，差点儿一脚踢翻了放在地上的洗衣盆。他神色慌张的告诉胡兰说，阎匪军正在村里抓人，他看见把玉莲大伯陈树荣老汉，石世芳哥哥石世辉，还有退伍军人张年成都抓起来了。

大伯说："我看你赶快躲一躲吧！还是小心为好。"

胡兰觉得大伯说得对，应当避避风险。她忙在一块干毛巾上擦了擦洗衣服的湿手，打算到双牛大娘家去。这时，听到街上响起了锣声，锣点敲得特别响而密，接着就听到叫喊声：

"全村民众，不分男女老少，赶快到观音庙上去开会。无故不到，查出来要按私通共产党办理！"

全家人听到锣声和叫喊声，大气不敢出，都为胡兰担心，都劝她赶快躲一躲。可是究竟躲到哪能里去？万一敌人要挨家挨户搜查又怎么办？躲到别人家也不保险呀！胡文秀好像想起了什么，向胡兰说道：

"到金忠嫂家躲一下去吧。我看那倒是个好地方，她刚生下小孩四五天。万一敌人要查问，就说是侍候月子的。"

虽然也不是万全之策，可眼下出不了村，也只有如此了。胡兰点点头，她觉得这个主意还是不错。

爱兰见姐姐要到金忠嫂家去，慌忙跑到街上去看情况。胡兰走出街门，她爹在地上蹲着抽烟，胡兰清楚爹是在为她望风。胡兰感激地望了一眼爹，也没说话，就准备走。她向街上望了望，街上到处是三三五五的阎匪军。有的端着枪，有的握着皮带，在敲打临街的门户，叫喊着，催屋里的人出去到庙上集合。

胡兰三步并成两步跑到了南场里，她看到爱兰在墙豁口处向她招手。连忙跑过去，一跃跳过豁口。见街上没有敌人，赶快奔到金忠嫂家。

金忠嫂家门环上挂着一块红布条，房门紧闭着。挂红布条这是一种民俗，表示这家女主人生了孩子，不得打扰。胡兰拍了拍窗棂，轻声问道：

"金忠嫂，我进去行吗？"

屋里金忠嫂说："是胡兰子吗？不要紧，进来吧！"

胡兰推门进去的时候，只见屋子里已有四五个人了，看来都是到这里来躲藏的。胡兰进来和金忠嫂问了几句孩子的事，这时又从门外跑进来一个二十多岁的女人来。胡兰认得这是金忠的姐姐，她是嫁到大象的。她一进来就说道：

"你看这不得好死的匪军，又召集开会了。昨天下午，他们在大象开会，用铡刀铡死了两个人，差点没把我吓死。我只说连夜跑回娘家躲几天，没想到逃出狼窝又落入了虎口。这些狗日的们又扑到这里来了。"

接着她就说大象铡人的事：昨天在大象铡的两个人，一个是曾在我区政府当通讯员的贺二和；另一个县游击队员牛二则。他两个都是南辛店人，因为身体不好，不能上山，在家休养。被复仇队的抓起来百般拷打，宁死不屈。这村地主石庆华害了噎食病，不知谁说吃了人血馒头就能治好，于是便找吕德芳给想办法。石庆华的儿媳妇是吕德芳的亲姐姐，为了弄到人血，所以吕德芳就决定杀了这两个蘸人血。为了配合“自白转生”运动，这天下午，他强迫大象群众开会，在会上宣布了牛二则和贺二和的死刑。吕德芳用筷子扎着热气腾腾的馒头准备蘸人血，可是复仇队的那些人你推我靠，没一个敢出来用刀砍人头。吕德芳急了，看见旁边干草垛里搁着副铡草刀，便逼着复仇队的人一齐动手，用铡刀把两个革命战士给铡了。

金忠的姐姐讲着脸上失去了血色，听的人也恐怖极了。她说：“像铡草一样铡人，那见过那么狠毒的事，当场看的人都吓软了，有几个都吓瘫了。”

正说到这里，街上又响起了第二遍锣声。叫人们马上到观音庙上去开会。说是谁家要是还躲着不去，或隐藏外人，查出来立马处死。这一来，满屋子的妇女慌成一团，金忠的姐姐说：

“就是死，我也不敢去开会了。我就在这里侍候月子。”

大家你看看我，我看看你，屋子里充满了恐惧气氛，都不知道该如何是好。

胡兰刚进来的时候，见有这么多人都想在这里躲藏，就觉得自己在这里不太合适，她想自己是区上的干部，万一敌人来搜查，那要就会说她们隐藏共产党的干部，都会受到连累。刚才听到敌人三令五申地喊话，不准私藏外人，更觉得自己躲在这里不合适了。她见人们都不说话，就站起来说道：

“金忠嫂，我走了，另外找个地方去。”说完抬脚就出了门。

只听金忠嫂不解地喊：“你——”

胡兰知道金忠嫂想留她，但情况紧急，于是她还是坚决的走了。

她想还是躲到双牛大娘家去，可是谁知道她从胡同走到街上的时候，这条街上已满是匪军，有的正挨家挨户搜查人，有的正赶着一群男女走过来。匪军们见到胡兰，不问青红皂白，挥着皮带吼叫道：“去开会，去开会！”胡兰意识到再也走不开了，只好从容地挤进了人群中，和大家一起朝观音庙走去。

当他们走到观音庙跟前的时候，只见庙前边的空场子上已站了好多人，有男有女，有老有少。场子四周站满了端着刺刀的匪军，护村堰上摆着两挺机关枪。一些穿着便衣的复仇队员们，在人群中穿来穿去，东瞅西看，不知他们在寻找什么。胡兰突然在人群中发现了爹、妈、和大娘，爱兰、大伯也被赶来了。她忙从人群中挤过去，站在自家人跟前，家里人看见她都很吃惊。妈妈低声问道：

“你怎么也来了，匪军到你金忠嫂家搜查了？”

胡兰说：“躲在她家的人太多，万一查出来，我就会连累她们，我想换个地方，走到街上已来不及了。”

爱兰拉着姐姐的手低声说：“姐，你站到爹后边来吧。”

正说着，有一个人分开人群，径直向胡兰这边走来，胡兰一眼就认出了这个人是金川子。金川子是大象的民兵，胡兰在大象土改见过他。

这时金川子已挤到她跟前，假惺惺地向胡兰说道：

“胡兰，我跟你说点事。等一会儿，要开始‘自白转生’大会，到时候你上台去把给八路军办过的事都说说，说了就算‘自白’啦。”

胡兰没想到这家伙现在叛变了，竟然给地主当起了狗腿子，成了复仇队员。胡兰心里暗暗骂了一句：“狗叛徒！”，接着狠狠盯金川子一眼说：“我没什么可说的。”

金川子道：“反正你不说人家也都知道。识相点，不‘自白’就要乱棍处死，你听见没有，要乱棍处死！‘自白’了也就没事啦！你看看我，不是啥事也没有！”

胡兰说：“我的骨头没那么下贱！”

金川子本来是奉命来劝胡兰的，他以为刘胡兰是个闺女家，也许先吓唬，再一劝就成了，自己也可以在吕德芳面前立一功，没想到一来就碰了一鼻子灰。这时胡兰把脸转向一边连看都不看他一眼，金川子就生气了，恼羞成怒地说：

“咱们认识，看在熟人的面子上，所以我来给你透个信！不识好人心。哼！等着瞅吧，到时候吃不了兜着走！”说完气冲冲地从人堆里挤出去，跑到观音庙里去了。

匪军不断把村里的人三三五五地赶到这里来，把抱着娃娃吃奶的妇女，拄着拐杖的老太太都赶来了。躲在金忠嫂家的几个女人也一个不少都赶来了。

正在这时，人群中忽然传来号啕大哭声，附近有人低声惊叫道：

“呀！金香。”

胡兰抬头看了看，只见复仇队员白占林和温乐德，一人扯着金香的领口，一人拉着金香的胳膊，从人群中拉出去了。这两人胡兰都认识：白占林是大象的小流氓，温乐德也是个叛变了的民兵。他们叫骂着把金香一直拉到观音庙上去了。金香妈李薏芳披头散发，跟在后边哭喊着扑到庙门口，一到门口就被站岗的匪军给拦住了。她就爬在庙门口不住声地嚎哭起来。胡兰见金香妈在敌人面前嚎哭，心里就怨她，心想：在日本鬼子面前那骨气哪里去了！

胡兰家里人看到敌人抓走金香，知道敌人也一定会来抓胡兰。一个个又是担心又是怕，心都提到嗓子眼了，但又不知怎么办才好，他们自觉的围成一个圈，把胡兰围在家人中间。这时，胡兰妈胡文秀忽然觉得胡兰两手在鼓捣什么，低头一看，只见女儿手上拿着一张手巾，在翻来覆去地细看，接着又慢腾腾脱下手上的银戒指，再从口袋里掏出一个万金油盒子。胡兰把这三件小东西一件件拿在眼前细看，看看这件，又看看那件。胡文秀不明白，在这么紧急的关头，胡兰怎么玩起这些东西。

其实胡文秀哪里知道，这三件不值钱的小东西，都是胡兰宝贵的纪念品。那张小手巾是王根固临别是送给她的信物，虽然，一年多了胡兰没见过王根固一眼，但每每在她心闲的时候，工作遇到困难的时候，她总要拿出那张象征他们爱情的手巾看个够，每当她看到手巾，仿佛王根固就在她面前，他的音容笑貌就浮现在眼前，此时此刻胡兰在想：也许今生今世再也见不到王根固了，手巾是他俩爱情的见证。万金油盒子是她入党介绍人石世芳送给她的，虽然万金油早用完了，可她舍不得把这个盒子扔掉，特别是世芳叔生着病转移到山上以后，她更觉得这是一件纪念品了。而戒指是奶奶临终前给她戴上的，虽然，奶奶没有少说她，但是奶奶教她纺棉织布，教给了她勤俭节约的好作风，一个小小的戒指包含了多少世间亲情。

胡文秀看着女儿把戒指和万金油盒子，用手巾包成一个小包，亲手递到她手上。胡文秀更觉得奇怪了，不知道女儿打的是什么注意。但她抬头一看，心里就明白了。

只见刚才和胡兰说过话的那个复仇队员金川子，引着两个端枪的阎匪军耀武扬威走过来。敌人走过来,吓得人群向两边拥挤,引起一阵骚动,但谁都没有出声。

金川子指了指胡兰说:“这就是刘胡兰。”

一个匪军见到长着一双大眼睛的刘胡兰,不怀好意地看了看,自言自语道:“嗬,好漂亮。”

家里人见敌人来抓胡兰,大家不由得挤得更紧,把胡兰围在中央。爱兰吓哭了,胡兰拍了拍爱兰肩膀说:

“不要怕,别哭。”

敌人一下推开了家人,动手要拉她。胡兰瞪了他们一眼,严厉地说:

“别拉扯,我会自己走。”说完,把头一扬,大踏步向观音庙里走去。

两个来抓胡兰的敌人和金川子先是惊奇地愣了一下,然后就端着枪紧紧跟着胡兰,好像她要长翅膀飞了。

胡兰走上观音庙的台阶,对爬在那里嚎哭的李薏芳说:

“别哭了,敌人不会可怜你。”边说边走进门去。

一进庙院,押解胡兰的敌人让她站住。金川子抢先跑进西房去了。胡兰站在院里一看,只见正殿廊檐下有几个先后被捕的人,有的蹲着,有的坐着,有的耷拉着袋,有的怒视着端枪监视他们的匪军。石三槐和石六儿被五花大绑着。石三槐头发乱蓬蓬的,身上的衣服被撕裂了许多口子,多处露出了棉花,撕破的衣服条条缕缕,风一吹飘摇着,透出无限凄惨之情。石六儿满脸血污,有一只脚上鞋袜都没了,踩在冰冷的地上,让人感到寒气逼人。他们用吃惊的目光看着胡兰,胡兰向石三槐和石六儿投去敬佩的目光,并向他俩微微笑了笑,用一笑表达了革命同志之间深切的问候。

这时东房里传出拍桌子打板凳的声音,和敌人的叫喊声。猛的传来一个非常清脆的耳光声,只听金香哭喊道:

“我不知道,我实在不知道呀!”

“不知道,枪毙你!”这是敌人的声音。

胡兰朝东屋望了一眼,她多么希望金香坚强点,能经得住这个考验。

这时，金川子从西屋走出来，他拉开风门对胡兰说：

“特派员请你进去。”接着他又向胡兰低声说道：“他问你什么，你说什么，保你没事。反正你不说，人家也知道。石五则全都‘自白’了。”

胡兰没有答理他，站在门口定了定神，然后神态自若迈步走进了西屋。

毫无惧色

观音庙的西厢房，原来是村里各团体联合办公的地方，一切如旧一切摆设还是那个老样子，靠窗台处放着张快要散架的破办公桌，桌上摆着一方打了角的砚台，旁边扔着几只秃头毛笔，另外还有几个粗磁茶碗。桌子后边放着张古旧的圈椅，靠近门口的地方，摆着一条长板凳。可现在敌人将它作为审讯室了。

屋子里只有阎匪军特派员张全宝一个人。这个人岁数不大，却留着长长的大胡子，胡子油光黑亮。左腮上有指头大一块黑痣，上面长着一撮黑毛，与五官搭配在一起，自然多了几分凶悍。他挺直了腰板，坐在圈椅里，两手放在椅子的扶手上，双腿向外分开，脚上穿着一双翻毛皮鞋，脸上露出不可一世的霸气，抖出一种威风凛凛，杀气腾腾的样子。他看到刘胡兰气定神静稳步走进来，不由得愣了一下，他压根没想到刘胡兰是个文文雅雅漂漂亮亮的姑娘，也没有想到如此年轻，更没想到刘胡兰脸上没有一丝恐惧的表情。刘胡兰一进门就直挺挺地站在办公桌前面，两只眼睛一眨不眨地盯着他，那种目光有种天然的穿透力一样，盯得大胡子心里有些发毛，他想，这哪像一个是来接受审讯的人，倒像是来审讯他的人一样。于是，心虚的他下意站起身来，提高了自己的视线，想用目光压制对方。其实张全宝本来是想见面给胡兰来个下马威，他一见胡兰这个样子，觉得拍桌子打板凳瞪眼睛这一套不会起作用，说不定适得其反。可是他也不知如何开头才好,他便装腔作势,假作镇静地掏出一支烟,慢条斯理点着,吸了几口,然后沉着脸才明知故问道:

“你就是刘胡兰?”

刘胡兰响亮地回答:“我就是刘胡兰,怎么样?”

“你是八路军的区妇女干部?”

“不,我是民主政府区妇联干部。”

“反正都一样。”

“你给八路军干过什么事?”

“只要我能办到的,什么都干过。”

张全宝听了,真没想到刘胡兰回答得这么干脆,他以为这是刘胡兰‘自白’开始了,使他简直有点欣喜若狂。大胡子没料到审讯开头进行得如此顺利,他忍不住站起来,笑嘻嘻地说道:

“好,好,好。我就喜欢这种痛快人。”张全宝假惺惺指了指摆在门口的那条板凳说:“请坐,请坐,咱们坐下来谈。”他见胡兰一动不动站在那里,又说道:“我只是奉命找你来聊聊,没啥大不了的事。别怕,别怕。”

刘胡兰知道这是假话,也不往耳朵里去,冷冷地说:“我根本就不怕。”

一句“我根本就不怕”听得张全宝发愣,他停了停,想了想,接着问:

“那么你们村长是谁杀的?”

“不知道。”

“你们区上的八路军都到哪里去了?”

“不知道。”

张全宝一连碰了几个钉子,再也沉不住气了:“你,你,你就什么也不知道?”

刘胡兰镇静地回答:“不知道,就是不知道”

张全宝想发作,突然,贼眼一转,威胁着说:“现在有人供出你是共产党员。”

刘胡兰知道自己被坏人出卖,她把头一扬,自豪地说:“是。我就是共产党员,中国共产党候补党员。怎么样?”

"你为啥要参加共产党?"

"因为共产党为穷人办事。"

"以后你还会为共产党办事不?"

"只要我还有一口气,就要为人民干到底"。

张全宝万万没有想到,共产党的一个小女孩,竟如此厉害。见硬的不行,就换软的,他奸笑着哄骗说:"自白就等于自救,只要你自白,我就放你,还给你一份好土地……"

没等他说完,刘胡兰轻蔑地说:"给我一个金人也不自白。"

张全宝恼羞成怒,他收起阴险的笑脸,敲起桌子嚎叫:"你小小年纪,好嘴硬啊,难道你就不怕死吗?"

刘胡兰逼进一步,斩钉截铁地说:"怕死不当共产党员!"

张全宝无可奈何,站起来无耻地说:"刘胡兰,只要你当众说句今后不再给共产党办事,我就放了你。"

刘胡兰坚定地说:"那可办不到。"

张全宝听了刘胡兰的话,觉得这是块硬骨头,随即他话中带刺地说:"那好,那好。"说完,他不服地瞄了刘胡兰一眼,一屁股坐到圈椅上。他见刘胡兰愤怒的望着他,他觉得这话会刺激刘胡兰,于是,忙改口说:"你给共产党做过什么事?"

"什么事都做过。"

"嗯,你们区上除了你,还留下哪些人暗藏在这里?不,不,拿你们的话说,就是还有哪些人留在这里坚持工作?"

"就我一个。"

"你们村还有谁是共产党员?"

"就我一个。"

"不能,不能。"张全宝胸有成竹地说道:"共产党的事我清楚,有小组,有支部。还能就你一个人?我明告你说吧,有人已经向我们'自白'了,谁是共产党,我们全知道。"

"你全知道何必问我。"

张全宝见刘胡兰不好对付,有些生气,但他为了获取更多情况,往肚子里咽了一口唾沫,忍了忍问:"你最近和区上通过信没有?"

"通过啦,你也不知道。"

"你和他们见过面没有?"

"见过面,我也不会告诉你。"

张全宝"呼"地一下从圈椅上站起来,扔掉烟头,从腰里拔出手枪,"啪"的一声按在桌子上,大声吼道:

"你他妈别给脸不要脸。你知道这是什么地方,不是跟你开玩笑。你再他妈嘴硬,老子一生气就毙了你!"

"随便!"

张全宝气得脸色铁青,胡子不住的抖动,两只眼充满血丝瞪着刘胡兰,要想一口吃掉刘胡兰的样子。他又点上一支烟,抽了几口,安静了一些才说:

"好吧,你不想告诉我,我也就不再问你了。"他又坐在圈椅上,慢腾腾地说道:"其实你不说,我们也都知道。真的,我不是咋唬你!你做过的那几件事,我背都能背下来。"

接着他真的像背课本一样说开了刘胡兰的历史。什么时候去的妇女训练班,什么时候当了村妇联秘书,什么时候调到区上,什么时候入的党……说得头头是道,大体不错。后来张全宝又说:

"你罪恶很大,你给八路军办了不少事情,要碰在别人手上,枪毙你一百次也够上了。不过,这次是我,看你还很年轻,正是人生的好时光,只要你能改恶从善,我就会宽宏大量,既往不咎,放你一马。这都是阎主任的恩典。"

张全宝一面说,一面用眼睛不住地窥探着刘胡兰,试图打量刘胡兰情绪有什么变化。然而刘胡兰脸色还是那样平静,没有一丝表情。张全宝想了想,又说道:

"我们绝不为难你,等一会儿开民众会,只要你向民众'自白',就是承认你是共产党员,这个你刚才就承认了。你再向民众'自白',说你年轻不懂事,受了共产党的欺骗,误入歧途,叫民众不要像你这样再上共产党的当,从今往后,用你们的话说,就保证不再给共产党做事。天大的事就算完了……"

刘胡兰还不等张全宝说完就说:"办不到!"

"小姑娘,别那么犟。"张全宝这时就像知心朋友一样劝说道:"你是个聪明人,你想想看,不'自白'能过得去吗?'自白'才能'转生',

不‘自白’只有死路一条。你死了不要紧，你爹妈多悲伤，白白养你这么大，你不替自己想，也要为家里人想呀！”

刘胡兰根本没听张全宝说什么，两眼望着顶棚，一句话也不说。

张全宝继续说道：“你知道什么是共产党？共产党是穷小子们的党，那是一帮穷疯了的人，尽干缺德事，分人家房，分人家的地。你们家的境况不错，不缺吃，不缺穿，何必跟上那些穷小子们胡捣乱，何必跟上他们受这些连累？你看看，我们一来，你们当官的，不，不，就是你们的领导干部全跑上山里躲起来了，留下你们当替死鬼，他们面都不敢露了。你替他们白送命，这是何苦？这是何苦呀？你好好想想，两条路，由你挑！”

刘胡兰还是两只眼望着顶棚，一声不吭。她清楚：这时最好的反抗就是不说话。

张全宝站起来，好像热锅上的蚂蚁，在屋子里走来走去，神色焦急。可他还是平和的说：

“你年轻，不懂事，全是受了共产党的宣传欺骗。共产党就是能说，什么事一到他们嘴里就变戏法一样说得天花乱坠。什么闹革命啦，土地改革啦……革谁的命？改什么土地？都是些胡扯谈的事。

接着张全宝给刘胡兰长篇大论说起来，一面污蔑共产党；一面吹捧阎锡山。后来又劝刘胡兰，说只要她“自白”了，不仅不咎过去，而且要在“兵农合一”，“编组分地”的时候，专门分给她一份土地。村里可以派人耕种，收下的粮食完全归她所有，可以荣华富贵地过一辈子。最后又说：“你看这还不够便宜，天下哪儿能找这种好事，这是多少人做梦都想的好事呀！”

在张全宝劝降刘胡兰的时候，二连长许得胜进来了，他一屁股坐在板凳上，拿着皮带，轻轻拍打着自己的两腿，一副志在必得的样子。他见张全宝说完，胡兰一声也不吭，抬着眼，没当回事的样子。于是他气势汹汹地站起来吼道：

“你他妈哑巴啦？你他妈的以为不开口就没事啦？做梦吧！”他回过头对张全宝说：“你不要和她磨牙了，白费劲，拉出去铡了她！来人！”

话音未落，进来两个匪军，拿着绳子就要动手捆胡兰。

张全宝喝道:“别动手。”随后对许得胜说道:“许连长别上火,你让她好好想想嘛。这姑娘是个聪明人,会想清楚的。”

张全宝问许得胜开会的事准备好了没有。许得胜说准备好了。张全宝转身对刘胡兰笑笑说:“我刚才的话全是为你好,为你着想,你要好好想想。看到吧,许连长可就没那么客气了。”

说完,张全宝见刘胡兰依然一脸的无畏,便对两个匪军摆了摆手,示意他们将胡兰带了出去。

胡兰出去之后,许得胜不满地对张全宝说道:

“特派员,用得着那样和她磨牙费嘴?她愿意‘自白’就出去‘自白’,不愿‘自白’,就咔嚓一刀完事了。让石五则去‘自白’不一回事?”

张全宝说:“当然不一回事,石五则在民众当中,已经身败名裂,他‘自白’民众会想,这是他有意在说共产党的坏话,没有一点儿号召力。师部之所以对此案重视,兄弟认为刘胡兰是目前抓到的唯一一个区干部,而且是共产党员。如果促使她出面‘自白’,则可在这一带让共产党声名扫地,从而提高我方的威望,在政治上打个大胜仗!你想想,一个共产党员的区干部‘自白’了,各村那些‘伪装分子’势必效法。这样一来造成一种‘自白’的风气,不用兴师动众,就可破获共匪组织,打击共产党的有生力量,而我方则可收到事半功倍之效。这也是师部指示的英明之处。”

许得胜若有所悟地说道:“哦,是这样,到底你们是玩政治的,肚子里道道就是多,真高明。”停了一下又问:“你看她能不能在大会上‘自白’?”

张全宝满有把握地说:“我看没问题,她毕竟是个黄毛丫头,嘴硬点骨头软。再说她还不知道血是红的还是黑的。一会儿先铡了那几个,做样子给她看看,她还不吓得瘫过去,这不就开口了吗?”张全宝又自言自语恶狠狠地说:“他妈的,共产党员,我倒要看你是铁打的还是钢铸的!我不信能翻出了我手心!”

张全宝完全自信,他一定能够降服刘胡兰。

死的光荣

那天，天气异常寒冷，天空低沉沉的，前几天的积雪还没化完，北风“呼呼”的吹过，风中带刀一样，从脸上刮过去像划开了皮肉。

刘胡兰被两个匪军押着，从观音庙出来的时候，会场已经布置好了。会场设了个主席台，敌人叫“烘炉台”，“烘炉台”设在庙门左边的土堰上。那里摆着一张桌子和几条板凳。地上堆着胳膊粗的几十根木棒。先后被捕的那些人站在“烘炉台”的西边，有的绳索已解开了，有的仍然五花大绑着。十几个匪军端着上了刺刀的枪，看管着他们。被强迫来开会的群众，比刚才更多了，男东女西分站在“烘炉台”前边的那块空地上。四周，布满了拿枪的匪军。不远处的护村堰上架着四挺轻机枪，枪口正对着广场上的群众。会场上的人们面面相觑，一脸无助的表情，心里忐忑不安，猜不透敌人究竟想干什么？

整个会场上，气氛压抑，一派肃杀之气，笼罩在一片恐怖之中。

胡兰被单独押在“烘炉台”东边，敌人不准她到西边被捕的那些人中间去。她随随便便地站在那里，用冷静的眼光扫视了全场一遍，然后就偏着头凝视着天空。好像在思考什么，又好像眼前的一切都置之脑后了。

过了一会儿，匪军特派员张全宝、二连连长许得胜、机枪连连长李国卿，还有新上任不久的云周西村村长孟永安，先后走了出来。他们走上“烘炉台”，凑在一起，嘀咕了一阵，然后由孟永安宣布开会。

孟永安清了清嗓子,略微抬了一下头,迅速的扫了一眼寒风中站立着的老百姓,像怕什么似的,低下眼说:

“现在咱们就来开会。今天的民众会很重要,根据阎长官的指示,为了肃清共产党在各村的地下组织,保持村民的自由和安全,要开展‘自白转生’,不‘自白’的就要乱棍处理!下面我们大家热烈欢迎张特派员给大家训话!”

孟永安说完,带头拍了两下巴掌,两眼不住地扫视台下的群众,意思是要让大家鼓掌欢迎。可是人群众中鸦雀无声,没有一个人鼓掌。只有站在台前的十几个复仇队员跟着拍了几下手,掌声极其单调而无序。

二连连长许得胜看到这情形,气得脸色都变了。他跺着脚冲着台下人大骂道:

“你们她妈的,手心里都长了疮啦!手烂掉啦!我看他妈的云周西村没他妈个好东西,都他妈该……”

许得胜没骂完,张全宝摆了摆手,将他的话打断,示意他不要骂了。张全宝装出一副宽宏大度的样子,好像对台下群众不鼓掌毫无在意。他脸上挂着笑走到台前,咳嗽了一声,然后就假惺惺说:“云周西村的老乡们大家好!共产党这些共匪赤祸,祸国殃民,他们杀人放火,共产共妻,晋中平川在他们惨无人道的统治下,人神共愤,民众生活越来越艰难,真是民不聊生!云周西村的老乡们也深受其害,今天,我们的队伍回来了,就是要打击共产党,肃清他们的毒害,开展‘自白转生’,唤醒民众与他们决裂……”

张全宝骂得唾沫横飞,一口气骂了一个多钟头,把他从部队里学的那些陈词滥调全都用上了。他在台上骂得越起劲,台下群众越是冷淡,事实已说明了一切,谁都知道他这是胡言乱语,瞎说八道。

天气很冷,西北吹得“嗖嗖”响。人们的手脚都快冻麻木了,但谁也不敢走开。于是有人往手上哈气,有人轻轻地跺脚,很快满场子就响起了一片哈气声和跺脚声,声音愈来愈响,把张全宝的讲话声都淹没了。许得胜站起来,骂道:“他妈的要冻死了,跺什么脚,老老实实听张特派员讲话!”骂了一阵,人群才慢慢静下来。张全宝又自夸阎匪军是仁义之师,要救民于水火,解民于倒悬。要彻底铲除共产党,清除“伪装分子”,建立人心政权,让老百姓过上好日子……

在张全宝讲话中,复仇队员们从村里抬来三副铡草刀,放置在观音庙西墙附近的荒草滩里。昨天,敌人在大象用铡刀铡了牛二则和贺二和,看到对群众的威胁很大,效果明显。于是决定今天在云周西村也用这个办法逼刘胡兰“自白”。人们看到抬来三副铡刀,会场上就又开始骚动起来,因为人们不知道弄铡刀要干什么?有的人惶恐不安的东张西望,有的人交头接耳窃窃私语,会场里发出一片“嗡嗡”的声响。

见会场上又乱了,许得胜又站起身来痛骂一气,惶惑的人们这才静下来。

张全宝见会场静了些,于是接着说:

“凡是过去给共产党、八路军办过什么事的人,不论他有多大的罪,只要能够弃暗投明,彻底‘自白’,一律不追究责任。当然不‘自白’,就要处死,‘自白’就是转生,‘自白’就是自救!”

张全宝讲完,当场就把石五则、张申儿、二痨气三个人释放了。让他们站到人群中去。接着,许得胜就开始宣读先后被捕那些革命同志的“罪状”。读完之后,他得意洋洋地向会场的人们大声喊话道:

“这些人是好人,还是坏人?”

会场上的人群异口同声雷鸣般的吼道:

“好人!”

这太出乎许得胜意料,一听就慌了。他恼羞成怒地叫骂道:

“老子就知道云周西村没个好东西,他妈的,你们说他是好人,老子偏要你们来处死这些好人!”

他立时命令三排长申灶胜强迫群众出来打人、铡人。

申灶胜领着几个匪军向人群扑过去。人们叫喊着往里挤,向后退。他们从东边扑过来,人们向西边躲过去。他们西边赶过来,人们又向东边躲。刚从人群众拉出这个,那个就跑了回去,拉出那个,这个又躲到人群里。结果中从人群中赶出三个人来,他们是刚才释放了的那三人。张全宝早料到不会有人来充当刽子手,所以今天一到云周西村,就把这三个人叫在一起,告诉他们今天就释放他们,不过要他们在开会的时候出来打人、铡人,否则也不轻饶他们。这三个怕死鬼就答应了。果然三个人照事前的吩咐走出来了。他们走到“烘炉台”前,一人抄起一根木棒与手执木棒的复仇队员站到了一起。

血腥的大屠杀开始了。

第一个拉出来的是石三槐。他经过了前一段时间的拷打折磨,人更加消瘦了。寒风中,他脸已铁青,没有一丝血色,两只眼里寒光四射。他一推出来就大声说:“乡亲们,今天我石三槐死了,但我知道……”

石五则生怕石三槐说出了他出卖同志的事,没等许得胜发话,就冲着石三槐的耳根重重敲了一棒,血水立刻顺着脖子流下来,石三槐惨叫一声就摔倒在地。许得胜说:“好,上!”他挥了一下手。张申儿、二痨气和复仇队员们一起挥着棍棒朝石三槐身上乱打,石三槐再也动弹不得。许得胜一伙,把石三槐拖到铡刀床上。

张全宝叫人把刘胡兰推到石三槐前方,要让刘胡兰看着对石三槐行刑。然而刘胡兰两眼望着天,默默无语。许得胜看到刘胡兰一副临死不惧的样子,大声喊道:“杀!”

这时石三槐苏醒了过来,他嘴动了动,想说什么,但刀已落下。

这个曾在抗日战争时期出生入死,立过汗马功劳的地下交通员,没有死在日本鬼子手里,而死在了阎匪军手里。

铡刀落下,会场上哭声四起,乌乌一片。

接着敌人又把石六儿拉出来,石六儿又叫又骂。他被反绑两手,但他用脚乱蹬乱踢。敌人劈头盖脸一阵乱打,然后,将他拖到铡刀下。这时,张全宝叫人将胡兰的头扭过来,看着石六儿,接着一挥手,只见石六儿尸首两处。胡兰清清楚楚看到石六儿这样一个普通老百姓惨死敌人铡刀下。

铡下石六儿的头,张全宝故意问胡兰:

“你看见了吗?”

这灭绝人性的暴行刘胡兰看得一清二楚,云周西村的老百姓看得一清二楚。

张全宝见胡兰冷若冰霜,眼中怒火燃烧。他声色俱厉地说:

“你不‘自白’……”他又想了想,口气又缓下来,说:“我想你是个聪明人,要识时务。你只要向民众说几句,就说你年纪小受了共产党的骗,上了他们的当,参加共产党是误入歧途,今后再也不相信共产党那一套,不再为共产党办事就行。我一句话,放了你!”

张全宝说着,一边在刘胡兰眼前走来走去,一边偷偷察看胡兰的表情。可是刘胡兰对他的话无动于衷,好像根本就没听他说话。张全宝原以为刘胡兰是一个弱女子,吓唬吓唬就可阴谋得逞,但没想到现在成了他坚强的对手,刘胡兰的不动声色,使他大为恼火。正在为此着难时,许得胜跑过来低声向他问道:

“怎么样,他‘自白’还是不‘自白’?”

张全宝宝眉头一皱,一句话也没有说。许得胜又问道:

“那几个犯人怎么办? 现在铡,还是等一会儿?”

张全宝还是没吭声。他似乎在等待刘胡兰改变态度,然而他看一眼刘胡兰,胡兰依然把头高高抬起,一副从容不迫的样子,张全宝知道要想让刘胡兰开口“自白”太难了。过了半天才从牙缝里挤出一个字来:

“铡!”

许得胜走过去,接着指挥那伙刽子手继续进行疯狂屠杀。

第三个被铡的是区委组织部长石世芳的哥哥石世辉。

第四个被铡的是八路军十二团战士,退伍军人张年成。

第五个被铡的是云周西村党支部书记的伯父刘树山。

第六个被铡的是区长陈照德的伯父,已七十二岁高龄的陈树荣。

这些普通的老百姓,这些勤劳勇敢的中国农民,在日本帝国主义侵略者进攻中国,践踏祖国大好河山,蹂躏中国人民时候;在阎锡山逃到晋南与日寇偷偷勾结在一起干着卖国求荣勾当的时候;在中华民族生存危亡的紧急关头;他们在那些最艰苦的年月里,在中国共产党的领导下,挺身而出拿起武器和日本帝国主义英勇地战斗。是他们风里来雨里去送公粮;是他们冒着外敌的枪林弹雨抬担架救护受伤的那些抗日勇士;是他们穿过敌人层层封锁传送情报;是他们传承了“国家兴亡,匹夫有责”的精神……他们是中华民族的优秀儿女,是中国人民的有功之臣。他们没有死在外国列强的屠刀之下,可今天却一个个被阎锡山的匪军无情杀害了。他们血淋淋的尸体乱扔在一起,血淋淋的头颅被抛在一边。敌人的暴行惨无人道,英雄的遗容惨不忍睹,血腥的屠杀惨绝人寰。

手无寸铁的群众们揪心挖肺的失声痛哭,面对荷枪实弹的敌人,他们叫天天不应,叫地地不灵,哭声惊天动地。人们早都不忍看下去,纷纷向四外跑开,可是一次又一次被匪军堵截回来。匪军们叫骂着,挥舞着皮带,端着明晃晃的刺刀枪,把赤手空拳的群众像赶羊群一样赶回原地,强迫他们继续欣赏一场惨无人道的屠杀。

六位烈士倒下了,倒在他们不该倒下的地方。此时,在被捕的人中,只留下胡兰和金香两个人了。胡兰像一尊钢铁巨人,纹丝不动站在原地方,站在张全宝和两个匪军中间,脸上依然是那种从容的表情。她默默地望着场子里的父老乡亲,心里在说:是你们养育了我,是党教育了我,我走了,你们不要悲伤,我不会给云周西村人的脸上抹黑,敌人的猖狂的日子不会太久。

这时,张全宝猛然推了胡兰一把,说道:

"现在轮到你了!你是要死,还是要活?两条路由你挑!"

刘胡兰没有理睬他,仍然望着群众,好像在说:"乡亲们,永别了!"

张全宝接着又用央求的口气,小声说道:

"只要你向民众们说一句话。那怕就说:'我从今以后,再不当共产党了!'就这么一句,就算你没事了。我马上放你,你就可以回家了!"

刘胡兰用鄙夷的目光扫了张全宝一眼,胡兰早已看穿了敌人的阴谋,他们企图用血腥的屠杀,在广大群众面前,使共产党员屈服。为了保持一个共产党员高尚的革命气节,给敌人以打击,刘胡兰早已把生死置之脑后。

张全宝大声问道:"难道你就不怕死!"

胡兰斩钉截铁地说:"怕死就不当共产党员!"

张全宝气急败坏地说:"你,你……"

刘胡兰用愤怒的眼光盯着张全宝,喝问道:"我是怎个死法?"

张全宝听了,像挨了当头一棒,气得脸上肌肉都颤动了。他万万没想到,这个年轻的农村姑娘是如此的倔强,如此的难以降服,面对死亡竟是如此无畏。张全宝把花招用尽了,可是面对一个年轻少女,他毫无办法可想。张全宝恼羞成怒，立时现出了本来面目，凶狠狠地吼道：

“怎么个死法？一个样！”

胡兰理了理两鬓的头发，重新包了包头上的毛巾，昂首挺胸向刑场走去。她从六位烈士的遗体前走过去，踏着他们的鲜血，走到了铡刀跟前。

这时那些刽子手都吓得发抖了，有的畏畏缩缩地躲闪到一旁，有的溜到人群中去了。张全宝下令让匪军又把这些人赶回来，逼着他们撑起血淋淋的铡刀。胡兰最后向乡亲们望了一眼，然后从从容容地躺在了刀床上。

人群中有人惊叫起来，有人哭喊起来，全场骚动了。许多男人们向铡刀跟前拥去。敌人着了慌，许得胜命令所有的匪军准备射击。机枪连长李国卿把护村堰上的轻机枪也调过来了，射手都伏在地上，机枪瞄准群众。拥过去的人又被逼着退回到了原来的地方。这时，女人堆里哭喊声更高，哀伤的，悲切的，揪心的，愤恨的……各种哭声混杂一起，响成一片。

爱兰哭得最悲痛。躺在刀床上的是她一母同胞的亲姐姐。姐姐从小把她带大，关心她，爱护她，心疼她，她觉得世界上再没有比姐姐更亲她的人了。以前姐姐出门工作，虽然时间很短，她都是那样不舍姐姐离开，夜里总是常常梦见她，现在亲眼看着姐姐就要被人杀害，从此以后，就再也见不着姐姐了，永远永远的见不着姐姐了。她多想救出姐姐，可面对强大的敌人，她是那样弱小无助，爱兰觉得像在摘自己心，割自己肉一样，可是羔羊面对的是狼群，她毫无办法。她抱着妈妈，声嘶力竭地号啕痛哭。而胡文秀这时早已哭成了一个泪人儿。胡兰不是她亲生女儿，但是她从小抚养大的，她教她认字，教他针线活，给她缝补，给她做鞋袜。胡兰也是个孝顺孩子，从没说过不中听的话，从没伤过继母的心。她们虽不是亲生母女，但浸透骨子里的是亲情啊！看着女儿就要惨死敌人屠刀之下，在这生离死别的关头，无助的她只有椎心泣血的哭声。邻居的大婶大嫂们个个都忍不住痛哭流涕，胡兰是她们的好儿女，是她们的好姐妹。

胡兰父亲刘景谦，这个勤勤恳恳的老实农民，他没想到祸从天降,敌人马上就要铡的是自己的女儿,是自己的亲骨肉。他感到四肢麻木万箭穿心,心里像捅进了一把刀子在搅动。他实在忍不住看见女儿惨死,两手抱着头蹲在地上,脑子里只是"嗡嗡"着响。刘胡兰大伯脸色铁青,一双愤怒的眼睛紧盯着刑场,死盯着那个杀人凶犯,他要将凶犯的相貌刻在自己心中,将来为侄女报仇雪恨。

人群中,还有一个极为愤怒的人,那就是村长郝一丑,他看到的是自己的同志就要惨遭毒害,他眼里燃烧着两团怒火,恨不得冲上去打倒那些凶手,但这个有斗争经验的地下工作者,明白这样做是无济于事的。他清楚自己同志牺牲了,肩上的担子更重了,他一声不响站在那里,两手握成拳头,死劲握着,指甲都扎进了手心,他全然不知。当他看到刘胡兰从容躺在刀床上,不由产生一种强烈的崇敬之情。心里暗暗地说:"好样的,是个好党员!"。此时此刻不管多么坚强,可是眼看自己的同志,自己的战友就要被敌人杀害,不能不难过,不能不痛苦。郝一丑望一眼胡兰,两颗豆大的泪珠滚出了眼眶。

这时张全宝,大踏步走到刑场。他走到胡兰躺着的铡刀跟前,弯下腰,气势汹汹地吼叫道:"你要愿意'自白',愿意投降,就滚起来!"

胡兰静静地躺着,睁大眼睛盯着他。张全宝看到刘胡兰那双大眼睛,心虚了,他慌忙随手抓起一把干草,盖在刘胡兰脸上。胡兰把头一摇,甩掉干草。她睁着一双大眼死死盯着张全宝,嘴角浮起一丝冷笑。张全宝被一个少年女孩的刚烈吓住了,他的腿不由得哆嗦了一下,他再也没有勇气看到刘胡兰那双充满仇恨的眼睛。为了掩饰他内心的恐慌,张全宝声嘶力竭地喊叫道:

"给我铡!"

"咔嚓"一声铡刀落下,鲜血像火山一样喷射出来,滴滴鲜血飞溅四方……

尚未年满十五周岁的刘胡兰为了中国人民的解放,为了壮丽的共产主义事业,从容就义,壮烈牺牲了。

英雄赴死易,从容就义难。年轻的刘胡兰同志在强暴面前,在"自白"和"牺牲"之间,她选择了从容就义,那是一种多么需要勇气的选择,那是一个共产党员崇高气节的体现。这让在场的敌人都胆战心惊。张全宝见胡兰如此镇静自若面对死亡,突然像得了急症一样,脸色变得灰白灰白，头上直冒冷汗，头重脚轻有些站立不住。他心里明白：失败了。从师部到团部，从团部到营部，策划了那么多时间，调动了两个连的兵力，使用了三副铡刀，施展各种手段。可是结果没有降服这样一个小小少女，确切地说是没能征服一个年轻的女共产党员。在杀害刘胡兰之前，他想通过刘胡兰的“自白”，从而推动这一带“自白转身”，肃清共产党的地下组织，瓦解人民群众的斗志。然而，实事告诉他想错了，现在彻头彻尾失败了。

这时已到了下午五点多钟。天色更加阴暗，寒气袭人。阎匪军匆匆忙忙吹号集合，押着金香，在人们的哭喊声中，在人们的咒骂声中，一个个垂头丧气地溜之大吉，完全像从战场上溃退下来的残兵败将一样。

刘胡兰英勇牺牲了！

这个年轻的农村姑娘，这个普通的共产党员，她用自己的宝贵生命，挫败了敌人的阴谋诡计，保全了地下党组织；她以自己无限美丽的青春，保持了一个共产党员的气节；她用自己的鲜血，抒写了一曲高尚的革命赞歌。她的鲜血洒在了故乡的土地上，但浸润着整个中华大地。她虽然倒在了自己的家门口，但她的光辉形象将永远活在千百万人民的心中。

刘胡兰烈士永垂不朽！

千秋英名在

革命烈士的血不能白流，血债要用血来还。刘胡兰牺牲后不久，我军主力部队开到了文水平川。大象、西社的敌人闻风丧胆，急忙连夜撤走。临走时候连抢劫的粮食，以及扣捕的我方人员都没顾得带走。金香就是这时才逃出了虎口。

1947 年 1 月 30 日，我军独立第二旅的一部分队伍进驻大象镇。宣传科一位姓黄的同志，听到刘胡兰七烈士英勇就义的事迹，深为感动，立即向旅首长作了汇报。旅首长们派他率领各连七十多名战士为代表前往云周西村祭奠并慰问了烈士家属。祭奠过后，战士们默默跪在烈士们牺牲的地方，用手刨了一块渗透烈士鲜血的冻土，包好后随身带走。他们带着血土，胸中怀着为烈士复仇的火焰，各自回到了连队，发誓要为烈士们报仇。

2 月 2 日下午，总攻文水城的战斗开始。30 多人组织成突击队，担负爆破城垣的艰巨任务，参战的爆破组成员中大多数是祭奠过云周西村烈士的战士。他们继承先烈遗志，不怕牺牲，一个倒下去，另一个又冲上去，终于将城垣炸开，为冲锋打开了通路。

战斗进行的非常顺利，敌人很快投降。这次战斗，总共生俘阎匪军七十二师政治部副主任兼文水县县长唐剑秋以下 1500 余人，其中复仇队队长吕德芳被我军击毙，其余凶犯潜逃。

刘胡兰烈士从容就义的事迹，很快在《晋绥日报》上刊登，题目为

《十七岁的女英雄刘胡兰慷慨就义》,(胡兰不满十五周岁,当时是以虚岁计算的)同时还刊登了《中共晋绥分局关于追认刘胡兰同志为中共正式党员的决定》,《晋绥日报》并以《向刘胡兰同志致敬》为题,发表了评论文章。对刘胡兰烈士坚贞不屈、视死如归的英雄气概,给予高度评价。

1947 年春天,毛泽东同志获悉刘胡兰的事迹后,为刘胡兰亲笔题词:“生的伟大,死的光荣”。毛泽东的题词激励着中华儿女为新中国解放和建设努力奋斗。

1951 年,在全国人民大张旗鼓镇压反革命运动中,广大群众到处追查杀害刘胡兰等七位烈士的那些凶手。许得胜、张全宝、侯雨寅等三个匪徒,先后落网。1963 年当地公安机关查清云周西村农会秘书石五则曾因包庇地主段二寡妇受到过刘胡兰的批评,后被撤销职务、开除党籍,故怀恨在心。一俟阎匪军到来,便将刘胡兰等七人全部出卖。石五则于 1963 年 2 月 14 日被政府枪决,受到应有的惩罚。

解放后,为了纪念刘胡兰烈士,教育人民群众,刘胡兰生前的云周西村改为“刘胡兰”村。

1956 年修建了刘胡兰纪念馆,建筑总面积 8400 平方米,1957 年刘胡兰烈士就义十周年时落成并对外开放。

纪念馆建筑总面积六万平方米,以纪念碑和陵墓为中轴对称分布,疏朗壮观,端庄肃穆。走进大门,首先映入眼帘的是宽敞的广场,花坛中央耸立着高大的汉白玉纪念碑,碑的正面,有毛泽东同志的亲笔题词:“生的伟大,死的光荣”八个大字,这是对刘胡兰一生崇高的评价,也是对一切革命烈士的光辉赞誉!碑的背面,镌刻着《中共中央晋绥分局关于追认刘胡兰同志为中国共产党正式党员的决定》。碑后是近三千平方米的槽形建筑,正面栏柱中央悬挂着郭沫若所题馆匾“刘胡兰纪念馆”。周围的火炬象征着中华儿女“发扬胡兰精神,献身祖国大业”的信心和决心。

作为刘胡兰烈士昔日的恋人,王根固还到刘胡兰纪念馆,为烈士扫墓,表达爱恋和哀思。

刘胡兰,她以短暂的青春年华,谱写出永生的诗篇,以不朽的精神,矗立起生命的宣言。以她的高贵品格、革命气节、英雄壮举铸就了光照千秋激励后人的“胡兰精神”。她的精神，她的英名和天地共存，与日月同辉。

（本书写作中参考了马烽所著长篇传记文学《刘胡兰》、电影《刘胡兰》、连环画《刘胡兰》以及众多网络资料编写而成。在此一并表示致谢！——作者。）